Horst Ehni, Jürgen Kretschmer, Bernhard Nimtsch (Fotos),
Karlheinz Scherler, Willibald Weichert

Kinderwelt: Bewegungswelt

Friedrich Verlag

CIP-Kurztitelaufnahme der Deutschen Bibliothek

Kinderwelt: Bewegungswelt/Horst Ehni ... – Seelze: Friedrich, 1982 brosch.

ISBN 3-7727-0252-X geb.

NE: Ehni, Horst (Mitverf.)

© 1982 Friedrich Verlag GmbH & Co KG
   3016 Seelze 6 – Velber

Ehni, Kretschmer, Nimtsch, Scherler, Weichert: **Kinderwelt: Bewegungswelt**

„Kinderwelt: Bewegungswelt" ist ein Sonderheft für die im Friedrich Verlag
erscheinende Zeitschrift sportpädagogik. Abonnenten der sportpädagogik erhalten
„Kinderwelt: Bewegungswelt" zum Vorzugspreis.

Alle Rechte vorbehalten. Ohne ausdrückliche Genehmigung des Verlages ist es nicht
gestattet, das Buch oder Teile daraus auf fotomechanischem Wege (Fotokopie, Mikrokopie)
zu vervielfältigen.
Herstellung: Limbach, Braunschweig

ISBN 3-7727-0252-X

Die Idee zu diesem Buch konnte nur mit Kindern – eigenen, bekannten und vielen, die wir erst bei der Arbeit kennengelernt haben – verwirklicht werden.
Wir waren angewiesen auf die Aktivität, Ausgelassenheit und Phantasie dieser Kinder.
Kinder sind der Mittelpunkt dieses Buches; sie haben es weitgehend bestimmt. Auch wenn es sich an Erwachsene wendet, so ist es doch ein Buch für Kinder.

Lust	**6**
Natur und Kultur	**16**
Kinder und Erwachsene	**28**
Körper	**38**
Lernen	**48**
Können	**56**
Anstrengen	**64**
Pausen	**74**
Gelegenheiten	**80**
Verbotenes	**90**
Verstecken	**98**
Darstellen	**108**
Zuschauen	**120**
Werke	**130**
Wünsche	**140**
Gemeinsam	**150**

Kinderwelt: Bewegungswelt

Kinder erleben sich und die Welt auf ihre eigene Weise. Bewegung spielt dabei eine große Rolle. Sie vermittelt zwischen den Kindern und der Welt, die so zu ihrer eigenen wird.

Kinder bewegen sich, müssen und wollen sich bewegen, weil sie Kinder sind; sie greifen, sie krabbeln, sie springen und toben... So entwickeln sie sich und so lernen sie sich und ihren Körper, ihre Umwelt und ihre Mitmenschen kennen. Natur und Kultur, Lernen und Können, Gelegenes und Verbotenes, verborgene Wünsche und sichtbare Werke..., eben die ganze Welt erschließen sich Kinder durch Bewegung. Wer sich nicht bewegt, dem bleibt vieles verschlossen.

Von dieser bewegten Welt will das Buch erzählen, mehr mit Bildern als mit Worten; von der überschäumenden Lust, die sich unmittelbar in Bewegung ausdrückt und die überall zu sehen ist: auf dem Spielplatz und im Freibad, auf Schul- und Hinterhöfen, auf gefährlichen Straßen und Rolltreppen. Aber auch vom beängstigenden Verlust und der Unlust an Bewegung ist hier die Rede: von Behinderungen im Alltag, von Zerstörung natürlicher Lebensräume, von der Verführung durch Technik und erwachsene Vorbilder, von Bequemlichkeit und Phantasiearmut.

Kinderwelt: Bewegungswelt?
Das Buch läßt aus der Frage eine Aufforderung werden:
Kinderwelt: Bewegungswelt!

Lust

Laufen, hüpfen, herumtollen – Momente eines Kinderalltags, die Bewegungs- und Lebenslust spiegeln. Von Mühe und Last noch keine Spur. Das Einfache ist noch aufregend und beglückend. Es ist schön, schnell zu laufen, hoch zu springen, mit anderen im Kreis herumzuwirbeln; zu jauchzen, zu jubeln und zu lachen, im Augenblick aufzugehen und zu genießen.

Den sicheren Stand aufzugeben, die Erde zu verlassen ist noch erregender: durch die Luft zu fliegen oder zu fallen, emporgeschleudert zu werden und herabzustürzen, zu schwingen oder sich zu drehen, zu rutschen oder zu gleiten, mit hoher Geschwindigkeit daherzurasen. Die Welt saust dann schwindelerregend vorbei, sie schwankt hin und her, auf und ab. Wo ist oben, wo ist unten? Der Atem stockt. Im Bauch beginnt es zu kribbeln und zu prickeln. In Sekundenschnelle – viel zu schnell – ist meistens alles vorbei. Auf der sicheren Erde ist alles wieder normal. Aber der Rausch wirkt noch nach.

Weil es so schön war, machen sie es noch mal und dann noch mal – so, als ob sie nicht genug kriegen könnten. Oder sie wollen noch höher hinaus und schneller hinab. Der Blick in die Tiefe läßt erschauern. Ist die Grenze überschritten, wo der Wunsch nach immer höherer Lust in Angst umschlägt? Oder werden Angst und Lust so miteinander verschmelzen, daß ein neues noch aufregenderes Lustgefühl entsteht?

Es ist berauschend, sich zu spüren; es ist lustvoll, etwas zu bewirken. Ein besonderes Vergnügen bereiten Wirkungen, die sich überraschend einstellen.
Und die Welt ist noch voller Überraschungen, die entdeckt und erlebt werden wollen. Nicht zu wissen, was passiert, ist spannend. Hat man erst alles im Griff, kann Langeweile aufkommen. Aber bis dahin ist es ein langer Weg. Und es scheint, als ob manche Dinge ihren Reiz lebenslang bewahren. Der zeitlupenhafte Flug des Luftballons fasziniert nicht nur Kinderherzen; die erfrischende Kühle des Wassers verlockt uns immer wieder aufs neue.

Jeweils neu, ungewiß und spannend wird die Welt im Spiel miteinander oder gegeneinander erlebt. Das gemeinsame Streben nach Erfolg hält den Spielausgang offen. Es bringt Spaß, sich auf diese Ungewißheit einzulassen. Lustvolle Befriedigung stellt sich ein, wenn man das Spiel erfolgreich für sich entscheiden konnte. Niederlage und Enttäuschung sind meistens schnell vergessen. Last und Leid scheinen in dieser Welt noch keinen Platz gefunden zu haben.

Zwischen Natur und Kultur

Der Mensch ist ein Natur- und Kulturwesen. Er ist Teil der Natur und sie ein Teil von ihm, und doch kann er als Mensch nur dadurch existieren, daß er sich und seine Welt kultiviert. Dabei hat er die Möglichkeit, sich von der Natur zu befreien, aber auch zu entfremden.

Unsere Ahnen und Vorfahren haben von den Gewalten der Natur, die ihr tägliches Leben bedrohten, noch unmittelbar gewußt. Die Natur, das war der Gegner in Form des „Blanken Hanses", des „Bösen Berges", des „Unheimlichen Waldes", des „Schwarzen Todes", der „Fleischlichen Versuchung"... Hier fühlte man sich nicht ganz wohl und beheimatet, von diesen Gewalten wollte man sich befreien. Diese Befreiung scheint dem Menschen inzwischen mit Hilfe von Arbeit, Naturwissenschaft und Technik weitgehend gelungen; die wilde chaotische Natur ist berechenbarer und beherrschbarer geworden. Der unheimliche Urwald ist in begehbare Wald- und Parklandschaften verwandelt; die gefährlichen Tiere sind gezähmt oder ausgerottet; die Flüsse sind begradigt und mit Schleusen und Wehren versehen; die Meere sind eingedeicht und eingedämmt; das menschliche Leben ist wesentlich länger und die Kindersterblichkeit wesentlich geringer geworden...

Aber diese Naturbewältigung und der kulturelle Fortschritt gehen Hand in Hand mit der Unterwerfung der Natur und einem – im wahrsten Sinn des Wortes – natürlichen Rückschritt: Nun wuchern nicht mehr die Wälder in die mühsam der Natur abgerungenen Kulturgebiete, sondern es wachsen Städte, Fabriken, Industriekonzerne, aber auch Sport- und Freizeitanlagen in die Natur hinein. Die Integration der menschlichen Kultur in die Natur scheint nicht gelungen, und das Verhältnis kommt aus der Balance. Nicht mehr die Natur ist der Gegner des Menschen, sondern der Mensch scheint der Gegner der Natur. Damit stellt sich der Mensch – als doppelbödiges Wesen zwischen Natur und Kultur – letztlich gegen sich selbst; er entfremdet sich von seiner natürlichen Basis und gerät in neue Abhängigkeiten. Nach den Gewalten der Natur nun die Gewalten der Technik und der kulturellen Institutionen?

In dieser entfremdeten Situation wird der Ruf des Jean-Jacques Rousseau: „Zurück zur Natur!" nach fast 200 Jahren verstanden und vielstimmig wiedergegeben. Es scheint allerorts das so notwendige Bewußtsein für die gefährdete Natur zu entstehen. Dabei werden nun jedoch nicht selten die Technik, die (Natur-)Wissenschaft und die gesamte Industriekultur verurteilt und ihre Leistungen zum Schutz bzw. zur Befreiung des Menschen verkannt.

Natur und Kultur – immer seltener geht das so zusammen, daß beides sich verträgt, daß der urwüchsige Wald und das steinerne Monument von Menschenhand zur Einheit verschmelzen. In diesen Kulturraum mit seiner knapper werdenden und gefährdeten Natur leben und wachsen die Kinder hinein. Im Unterschied zu den Erwachsenen sind sie jedoch selbst noch ein Stück von dieser Natur. In ihrer Natürlichkeit kümmern sie sich keinen Deut um den kulturellen Sinngehalt der mächtigen Skulptur. Was ist dies mehr als eine schöne Möglichkeit zum Klettern? Doch so natürlich, daß der nahe Wald sie zum Klettern verführt, scheinen sie zum Glück (?) auch nicht mehr zu sein. Der Blick für die Möglichkeiten des Kletterns und häufig auch die Lust dazu ist auch ihnen schon getrübt. Kindliche Natürlichkeit ist immer schon eingebunden in diese kultivierte und technische Welt, die auch Kinder schon so sehr bestimmt und der auch sie sich schon gekonnt bedienen. Vor allem die Kinder sind von dieser Doppelbödigkeit des Menschen zwischen Natur und Kultur erfaßt: Sie sind die noch unschuldigen, aber auch unbeholfenen Kinder der Natur und die schon verdorbenen, aber auch geschützten Kinder dieser Kultur in einem zugleich.

Als „unschuldige Kinder der Natur" erkunden sie in ihren natürlichen Bewegungen die Geheimnisse dieser Welt. Dabei scheint ihnen alles natürlich zu sein: der wilde Bach, die Tiere auf dem Bauernhof, die Rolltreppe im Kaufhaus. Das alles erweckt ihre Neugier, ihre Explorationslust und bestimmt ihr Spielverhalten. Sie spielen am Wasser, fangen Tiere und rennen verkehrt die Rolltreppe hinauf. In ihrer Natürlichkeit und Naivität sind sie jedoch zugleich äußerst gefährdet: Sie fallen von Bäumen, aber auch von Baugerüsten; sie verirren sich im Wald, aber auch in der Großstadt; sie verletzen sich beim Fall vom Pferd, aber auch beim Sturz vom Rad; sie werden von Hunden gebissen, aber auch von Autos überfahren; sie ertrinken im reißenden Bach, aber auch in der Reizüberflutung der Bewegungs- und Spielindustrie... Als die unschuldigen Kinder der Natur sind sie so einerseits den Gefahren der Technik, aber auch denen der Natur in hohem Maße preisgegeben, andererseits verhalten sie sich selbst (noch?) gedankenlos und auch zerstörend gegen die Natur und die kulturellen Gebilde: sie töten Tiere, reißen Zweige und Äste von den Bäumen, trampeln Pflanzen und Blumen nieder, quälen sich gegenseitig, machen einander ihre Spiele kaputt, zerschlagen teure Vasen, werfen Fensterscheiben ein und vieles mehr.

Gegen diese wilde Natur des Kindes, die sich in seinem gesamten Bewegungsleben äußert, stehen als wohlwollende Schutzgewalten die Sicherungs-, Verbots- und Erziehungsmaßnahmen der Erwachsenen. Den Kindern bzw. der kindlichen Natur aufhelfen wollen, sie kulturell zu formen, das kann jedoch nur die eine Hälfte sein. Den Erwachsenen und der verlorengegangenen Natur in dieser technischen Welt aufzuhelfen ist der andere Teil. Dazu kann es nützlich sein, bei Kindern in die Lehre zu gehen und mit Hilfe ihres unverstellten Blicks die nahen, in der Alltäglichkeit verschwundenen Naturgegebenheiten und -ereignisse wieder neu sehen und hören zu lernen.

Dieser unverstellte Blick der Kinder äußert sich in ihren Spielen und der Auseinandersetzung mit ihrer natürlichen Umwelt, die sie erleben und sinnlich erfahren wollen: Schmetterlinge und Blumen, hohes Gras und dichtes Laub, heiße Tage und warme Seen, lehmige Erde und morastige Wiesen, bunte Blätter und stürmische Winde, verschneite Berge und gefrorene Flüsse. Für die Kinder ist dies alles sehr aufregend und (noch) neu. Diese Natur führt sie in Versuchung; sie bringt und nimmt ihnen Dinge zum Greifen und Fangen, zum Suchen und Verstecken, zum Laufen und Springen, zum Klettern und Schwingen, zum Kneten und Bauen, zum Spritzen und Suhlen ... Die natürlichen Tatsachen von Tag und Nacht, von Licht und Schatten, von Sonne und Regen, von Wärme und Kälte, von Nebel, Wind und Sturm haben für das Bewegungsleben der Kinder ganz zentrale Bedeutung; sie ermöglichen ihnen alles und verhindern (noch) nichts. Selbst oder gerade die Dämmerung und die Dunkelheit mit ihren gespenstischen Geheimnissen reizt sie; gerade der schlammige Weg, die überflutete Straße oder auch zurückgebliebene Pfützen verlocken sie zum Durchwaten und Spritzen. Natur, gleich in welcher Gestalt, wird erkundet und ins Bewegungsleben integriert. Selbst dort, wo gewissermaßen keine Natur mehr ist – auf den tristesten Hinterhöfen, den ödesten Parkplätzen, den asphaltierten Pausenanlagen – fällt den Kindern noch etwas an Bewegung und Spiel ein. Und sie füllen mit ihren Bewegungen und Spielen diese toten Räume wieder mit Leben und tragen so gewissermaßen auf Zeit ein Stück Natur in sie hinein.

Als die schon „verdorbenen Kinder" dieser hochtechnisierten Kultur sind sie selbst jedoch auch schon von der äußeren und der inneren Natur entfremdet: Sie wissen häufig nichts mehr anzufangen mit Wäldern, Bäumen, Wiesen, Bächen, Seen und Tieren. Die Natur verlockt sie nicht mehr unbedingt zu Bewegung und Spiel. Die künstlichen Bewegungsräume und Geräte, der Sportplatz, die Turnhalle, das Schwimmbad oder gar das Spiel der Kinder im Fernsehen, der Kassettenrekorder, die elektrischen Rennautos, das Telespiel ... liegen ihnen oft näher. Die „natürliche" Fortbewegung des Gehens und Laufens wird angesichts der technischen Verführungen durch Auto, Fahrstuhl, Rolltreppen häufig schon frühzeitig mehr als Last und weniger als Lust empfunden. Bewegungsleben heißt so gesehen, sehr früh auch schon, Bewegungssterben. Als Kinder dieser Kultur sind sie schon ein Teil dieser modernen Welt, in der sie leben und leben müssen. Bei allem Verlust an Natürlichkeit helfen die kulturellen Techniken, Wissensbestände und Verhaltensformen den Kindern zugleich aus ihrer Hilflosigkeit und Abhängigkeit heraus; sie schützen sie und schaffen ihnen auch die Möglichkeit, die Annehmlichkeiten dieser kulturellen Welt zu nutzen.

Sommer und Winter, Wasser, Sand, Eis und Schnee. Die ungebrochene Natur lädt ein zu unbegrenztem Spiel: Zwischen zwei Wellen Handstehen vor Übermut. Sonne und Wind auf der nackten Haut und ein unendliches Meer zum Versinken. Nicht minder schön: der Zauber einer tief verschneiten Winterlandschaft. Eisige Luft und verführerische Lust, hinaufzugehen auf den zugefrorenen See.

Erde und Wasser, das Feste, das Lose und das Flüssige in jeder Zuständlichkeit fordert die Kinder heraus; das wollen sie kennenlernen, anfassen, darauf und darin wollen sie sich bewegen, damit wollen sie spielen: Auf und mit der „Erde" in ihrer tausendfältigen Beschaffenheit als Lehm und Sand, als Stein und Fels, als Schlick und Schlamm... und natürlich auch auf, mit und in dem Wasser als Regen, als Schnee, als Eis und als stehendes oder fließendes Gewässer, ungeachtet der Verschmutzung.

Die Pfütze im Garten, vom letzten Regen herangebracht, sie lockt unwiderstehlich; doch auch die schöne Kleidung, sie darf nicht beschmutzt werden. Abwägen zwischen natürlicher Lust und kultureller Norm. Wie lange noch?

Gefrorenes Wasser – Eis. Welche unerschöpflichen Möglichkeiten sind da enthalten? Aber Vorsicht; denn zerbrechlich und häufig schnell vergänglich ist dieses Wunder der Natur. Sand zum Bauen und Buddeln. Jahrtausende abgelagert und durchwaschen, bodenlos tief und weit bis zum Horizont. Doch von dort wird angstvoll schon das Ende angekündigt: Tödlich strahlender Sand, atomgeschwängerter Schnee und vergiftetes Meer kommen in den Horizont als Möglichkeit.

Urbane Großstadtszenerie ist nicht selten die Bewegungsumwelt unserer Kinder. Jedoch wie tot auch immer unsere Städte sind – sie fangen an zu leben, wenn die Bewegungslust der Kinder sie erfüllt. Wie lange noch? Bis die letzten in Beton gefaßten Sträucher durch Fassadenmalerei ersetzt sind oder die letzten Krümelchen Erde – die der Kleine fast liebevoll behandelt – unter dem Pflaster verschwinden? Doch „unter dem Pflaster liegt der Strand", und die natürliche Bewegungslust der Kinder findet in der Welt aus Stein und Beton ihre neue Qualität: Rollschuhlaufen, Fahrrad- oder Skateboardfahren – wo ginge das besser als hier?

Im Baum zu sein, ein Teil von ihm, ihn zu spüren, stark und mächtig, und ihn doch bezwingen mit eigener Kraft – wann hätte das nicht der Kinder Herz erregt? Aber es geht auch einfacher, mit wenig Kraftaufwand am Baum vorbei mit dem kulturellen Requisit der Leiter. Und schließlich muß es nicht ein Naturobjekt sein, an dem das natürliche Bedürfnis des Kletterns seine Erfüllung findet. Kinder in unserer Kultur werden durch technische oder kunstvolle Gebilde von Klettergerüsten, -leitern und -tauen mehr zum Klettern verführt als von natürlichen, oft naheliegenden Möglichkeiten.

Tiere, lebendige Wesen der Natur, spielen in der Welt der Kinder eine aufregende Rolle: Sie spielen sie nach und wollen sein wie sie, bis hinein in die kopierten Bewegungen; sie versuchen, sie zu fangen oder zu beherrschen, wollen mit ihnen balgen und spielen – und wären sie auch nur aus Plüsch. Wunsch nach Einheit und Versöhnung mit der Natur? Ungebrochene Hoffnung – schöne Illusion.

Kinder und Erwachsene

Was unterscheidet Kinder von Erwachsenen, Erwachsene von Kindern? Das Alter, die Größe, das Wissen – oder die Spontaneität, die Phantasie, die unbeschwerte Freude? Kinder wollen erwachsen sein, wollen dürfen und können, was Erwachsene tun. Und Erwachsene wollen gelegentlich wieder wie Kinder sein; jene, die sie mal waren, oder mit denen sie leben.

Groß zu sein und so viel zu können wie die Großen, ist ein sehnlicher Wunsch von Kindern. Ein verständlicher Wunsch; denn sie leben in einer Welt, von Großen für Große gemacht. Um da hineinzukommen, und um sich darin zu behaupten, brauchen sie die Hilfe der Erwachsenen.
Ob beim Anziehen oder beim Lernen der Spiele von früher, Erwachsene müssen anfangs dabeisein. Es sind ihre Erfindungen, die zu beherrschen Kinder sich mühen. Reißverschlüsse, Knöpfe und Schnürsenkel helfen nur dem, der damit umgehen kann.
Zwei Stöcke, eine Schnur, ein „Eierbecher" – wer „zum Teufel" hat sich das ausgedacht und auch noch Diabolo genannt?

Erwachsene können helfen, aber auch hindern. Schon ihre Nähe oder die Handfassung hilft, sich vollständig auf die Bewegung zu konzentrieren oder sie entspannt zu genießen; ohne Angst vor dem Sturz oder vor dem Versinken haben zu müssen.

Dieselbe Hand, die eben noch festhielt, jetzt streichelt sie, hilft trösten, wenn Wut und Schmerz sich vermengen. Die Anwesenheit eines Erwachsenen reicht aus, Interesse an einem Spiel zu finden. Seine Linie markiert den Abwurf und legt die Schwierigkeit fest; er gestattet den Übertritt, zählt Würfe und Treffer.

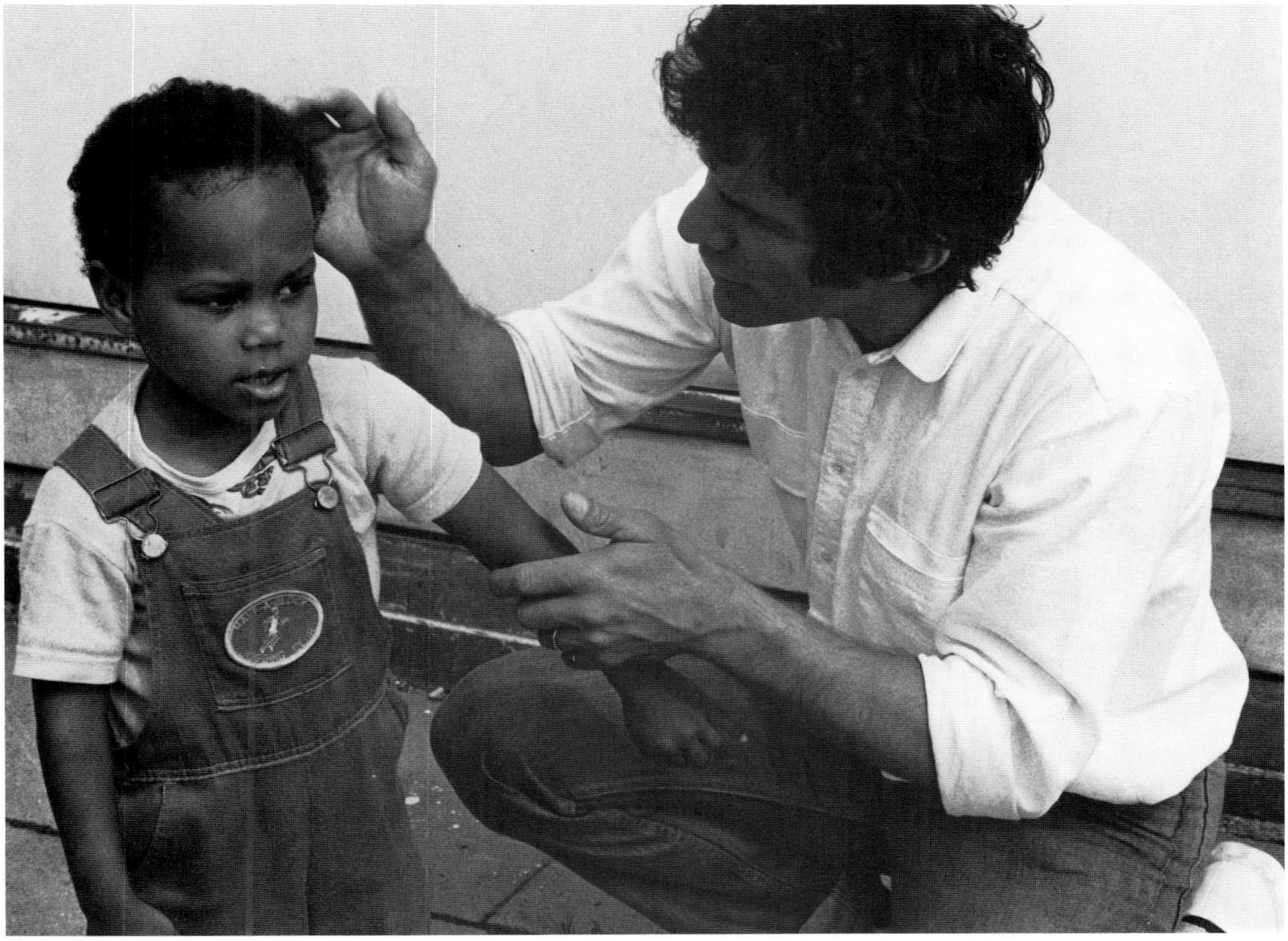

Kinder brauchen Erwachsene auch als Spielpartner und Mitspieler; aber im Spiel sind alle gleich. Erwachsene sind zwar größer und stärker. Ihre Körpergröße und -kraft schafft Bewegungserlebnisse und läßt sie zu lebenden Spielgeräten werden. Ihre Erfahrung macht sie zu wichtigen Ratgebern. Aber bestimmen dürfen sie deshalb nicht. Jeder gibt und jeder nimmt etwas.

33

Die Spielsituationen wechseln, die Spielidee ist dieselbe. Was als Spiel mit Geräten beginnt, endet als Spiel mit der Rolle des Erwachsenen. Nicht Aufpasser, Vormacher oder Besserwisser zu sein, sondern Mitmacher; so fröhlich und ausgelassen wie alle Mitspieler.

Manche Hilfe ist gut gemeint, aber schlecht bedacht. Bewegen wird zum Bewegtwerden, die Kleinen werden zum Spielzeug der Großen. Gerutscht zu werden – was freut da mehr, das Erleben der Bewegung oder des Aufwandes? Herangehoben, und wieder abgenommen – von Klettern kann keine Rede sein.

35

Kinder sind kleiner als Erwachsene, auch schwächer, von Gleichheit keine Spur. Das Gefälle ist nicht zu leugnen, die Schaukel kann nicht funktionieren. Erst beim Lauf mit dem flatternden Tuch ist es gefunden, das Gleichgewicht des Spiels. Die Augen sagen mehr als alle Worte.

Körper

Die körperliche Freude und der körperliche Schmerz sind bei den Kindern noch ungebrochen unmittelbar und von ganz anderer Art als bei den Erwachsenen. Körperlichkeit ist bei ihnen noch nicht das bewußte Interesse an Gesundheit, mimisch wegkontrolliertes Gefühl oder eine aufs Sexuelle verdichtete Lust. Körperlichkeit, das ist totale sinnliche Existenz. Dort wo die Sprache nicht mehr ausreicht und die „Vernunft" noch nicht zügelt, teilen sie sich noch direkt und ganz körperlich ihrer Welt mit: Sie weinen, strampeln und schlagen aus Zorn und „unbeschreiblichem" Leid, und sie lachen, quietschen und springen in die Luft vor „unsagbarer" Freude. Und körperlich wollen sie auch erfahren, was um sie ist; sie wollen unmittelbar dabeisein, sind neugierig und greifen nach den Dingen dieser Welt, um zu begreifen, was das ist: Wasser, Schnee, Lehm, ein Ball, eine Rutsche, ein Messer, eine heiße Platte, die Haare der Mutter ... Ihr Körper ist für sie die gültige Grenze, dort wo sie aufhören und die Welt beginnt; über ihren Körper vermitteln sie sich und die Welt in Form von Bewegungen, und mit ihrem Körper nehmen sie das für sie Wahre wahr, durch und durch sinnlich. Dieses körperliche Wahr-Nehmen, Empfinden und Erfahren wird von den Kindern als lustvolle Herausforderung gesucht. Zunächst wird die Grenze der eigenen Körperlichkeit noch in vorsichtiger Distanz zu den Grenzen der springenden Wasserfontäne gehalten. Es geht um neugieriges Sammeln von körperlich-sinnlichen Eindrücken über die Qualität des Wassers und die mögliche Qualität des Lustgewinns. Dann der grenzüberschreitende Akt. Unsicherheit und Scheu, den ganzen Körper diesem nassen Element preiszugeben. Not der Überwindung und Lust, es zu tun, sind zur körperlichen Geste der Unentschiedenheit geronnen. Schließlich das Hineingehen, rückwärts. Entspannte Freude, prickelnde Lust auf der ganzen Sinnesfläche unbekümmerter Nacktheit.

Die Lust an der Bewegung, das ist die Lust an sinnlichen Empfindungen, ist die Lust am Rhythmus, Drehen, Fallen, Schweben und an der Geschwindigkeit. Deshalb lieben es die Kinder, den Körper — und damit immer auch sich und die Welt — in einer ungewöhnlichen Situation und Lage zu erfahren. Was sie suchen, sind sinnlich aufregende Erlebnisse und Gefühle: den Kitzel im Bauch, den Schwindel im Kopf, die Macht von Kräften, die den Körper niederzwingen bzw. fortreißen oder aber in Balance halten.

Tanzen, sich drehen im Kreis, mit selbstvergessener Hingabe ganz in der Bewegung sein, und diesem Rhythmus lauschen, das ist Ausdruck der körperlichen Lust am Sein. Was anderes ist's, die Welt umgekehrt zu erleben und dabei zu fühlen, wie das Blut in der Schläfe pocht und die ganze Erdenschwere magnetisch fast den Kopf nach unten zieht. Dabei gar noch zu schaukeln verschafft einen doppelten Kitzel. Natürlich auch Geschwindigkeit spüren. Unmittelbar und körpernah geht's dahin auf blankem Eis. Das Gespür, auf dieser rasanten Talfahrt von Kräften nach unten gezogen zu werden, keinen Halt mehr zu haben und dennoch die körperliche Balance zu halten, das ist aufregend schön. Oder die Aufhebung dieser Schwerkraft zu empfinden, im Wasser zu schweben, von allen Seiten getragen und die ganze Oberfläche des Körpers zu spüren, leicht und schwerelos.

Um sich aufregende sinnliche Empfindungen zu verschaffen, behindern Kinder die wie selbstverständlich funktionierende Sinnenhaftigkeit ihres Körpers und seine freie Beweglichkeit häufig selbst aktiv. Sie drehen sich so lang im Kreis, bis das Gleichgewicht gestört ist und der Drehschwindel sie torkelnd zu Boden reißt. Seiner Sinne nicht mehr fähig sein, ist ein schönes Spiel. Auf diesem Reiz beruhen alle Spiele mit verbundenen Augen. Nichts mehr sehen von der Welt und nichts mehr haben als Einbildungen, Ahnungen und den verunsicherten Körper, der seinen sicheren Bezug zur Welt verloren hat. Was bleibt, ist das Fühlen und Tasten, das schaurig-schöne Gefühl der Orientierungslosigkeit für den „Blinden" und die erheiternde Freude der „Sehenden". Lust und Erregung auch beim Sackhüpfen, beim Nicht-mehr-richtig-gehen-Können, weil die Beweglichkeit der Beine eingeschränkt ist. Jetzt trotzdem noch schnellstmöglich ein Ziel erreichen, das ist komisch und lustig zugleich.

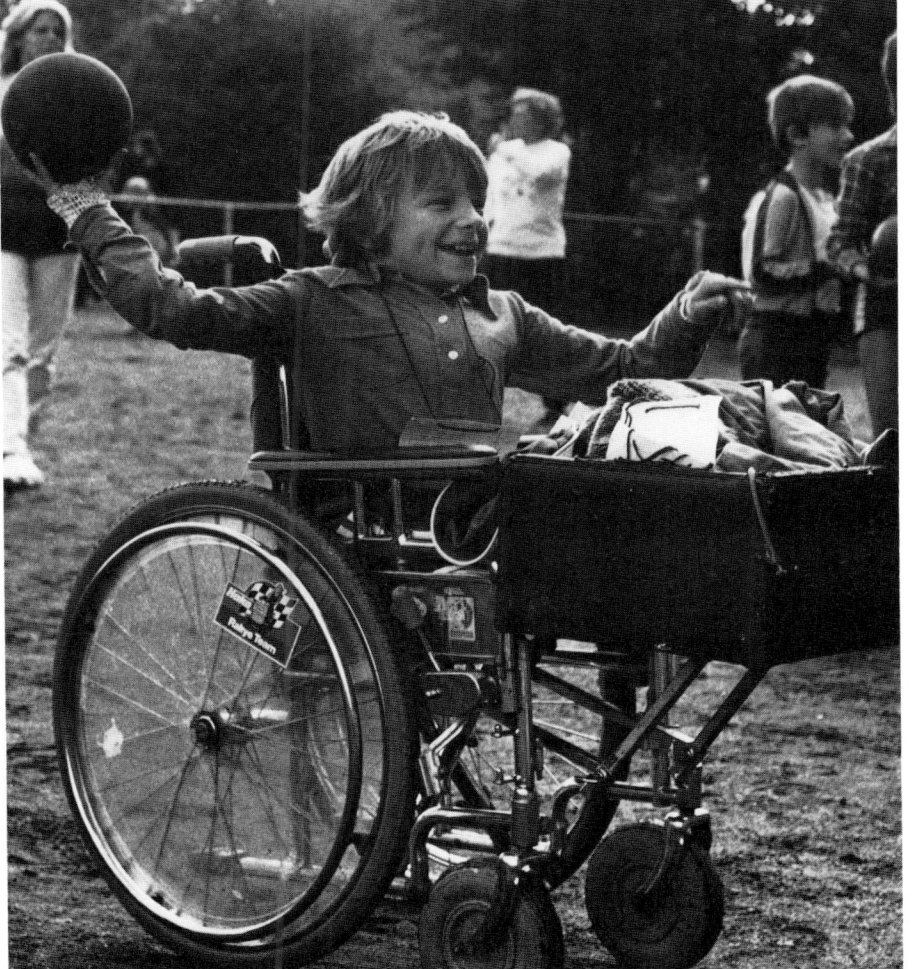

Aber Kinder erleben die Störung ihres Körpers nicht nur im Spiel und als Spiel und nicht nur zur Sinnessteigerung und Ergötzung, sondern auch als Ernst und Leid. Fast täglich machen sie neben den gesuchten wohligen Körpererfahrungen auch unvermeidlich mißliche:
Sie werden müde, sind erschöpft, fallen hin, tun sich weh, werden krank, verletzen sich. Diese körperlichen Störungen verstören sie dabei oft auch seelisch. Und viele Kinder tragen für ihr ganzes Leben an einer körperlichen Behinderung, die immer auch viele psychische und soziale, so viele „menschliche" Probleme mit sich bringt. Am unmittelbarsten erfahren sie ihre Körperbehinderung als Verlust der freien Bewegung. Und gerade dann sind sie so froh und glücklich, wenn sie sich innerhalb ihrer Grenzen sportlich bewegen können bzw. sportlich bewegt werden oder wenn gar noch „normale" Kinder mit ihnen spielen. Ein durch und durch sinnliches Erlebnis, das für die Nichtbehinderten ebenso wichtig sein kann wie für die Behinderten.

Die alltäglichste und wichtigste Erfahrung der Kinder ist es, klein zu sein. Diese elementare körperliche Tatsache und Erfahrung bestimmt ihr Leben zentral. Aufgrund ihrer körperlichen ,,Größe'' und Schwäche werden sie umgestupst, übersehen, weggedrängt oder in eine verkleinerte und schnuckelige Kinderwelt verbannt. Die Welt der ,,Großen'' scheint für sie unerreichbar. Diese ist nach den Maßen und Proportionen der Erwachsenen ausgelegt, selbst wenn sie auf die Bedürfnisse der Kinder zielt.

Aber sie erfahren diesen ihren kleinen und leichten Körper auch als Chance zum besonderen sinnlichen Lustgewinn; sie finden in der kleinsten Nische ihren wohligen Platz und können noch von starken Armen leicht gehalten und durch die Luft geschleudert werden, daß das Herz vor Freude fast zerspringt.

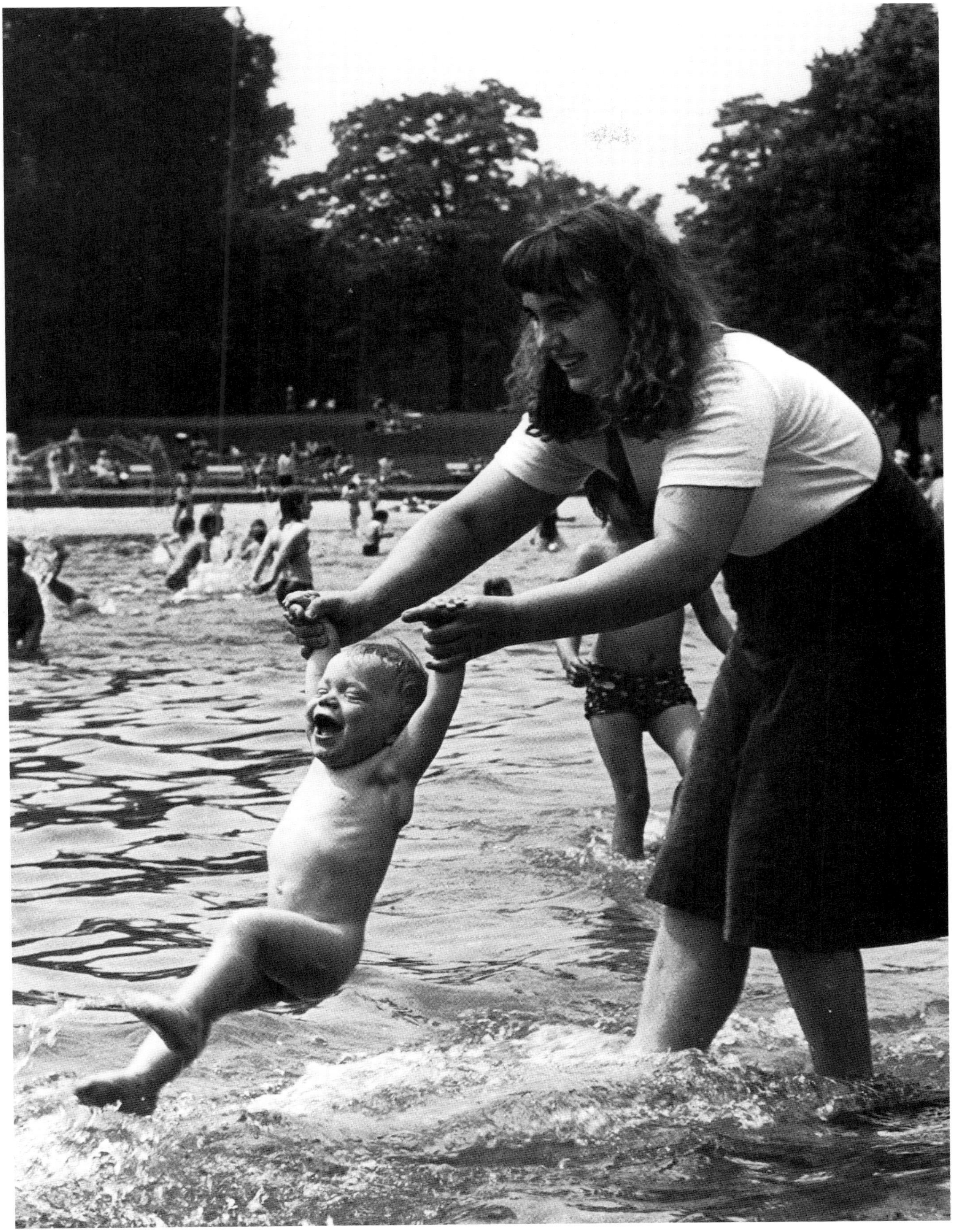

Körperkontakte ergeben sich im täglichen Spiel der Kinder ganz selbstverständlich, sie gehören dazu. Darüber hinaus suchen die Kinder aber auch aktiv körperliche Nähe und Distanz, in der sie ihre Stimmungen und Gefühle verarbeiten und ausdrücken können.
Gibt es eine liebere und verständlichere Form, sich gegenseitig zu sagen, daß man sich mag als diese zärtliche Umarmung? Wie soll die unbeschreibliche Wut und der Ärger über den anderen anders verarbeitet werden als in dieser unmittelbaren körperlichen Auseinandersetzung? Die Erwachsenen wissen darauf natürlich eine pädagogisch richtige Antwort. Kinder fühlen dagegen häufig, daß es nicht anders geht als „primitiv" körperlich, und dann tun sie's eben, gegen alle Moral der Erwachsenen.
Gegen diese gesellschaftliche Körpermoral und in ihrer kindlichen „Unschuld" zeigen sie sich auch ungeniert nackt, erkunden sie mit Neugier ihren eigenen und natürlich auch die Körper der anderen, spielen Doktor und Mann und Frau, bis sie ihre Unschuld verloren haben und sie sich bei all dem schuldig fühlen. Und das geht häufig viel zu schnell in dieser

Welt, die das Körperliche mit öffentlichen Tabus umgibt und so nicht selten bewirkt, daß es aufs Sexuelle reduziert und zum heimlichen Gelüste wird.
Kinder brauchen und suchen Körperkontakt, wenn sie sich verlassen fühlen, wenn sie in einer unbekannten Umwelt sind, wenn es dunkel wird und sie ängstlich werden. Aber nicht immer fühlt der andere Körper mit.

Lernen

„Es ist noch kein Meister vom Himmel gefallen!". Der Himmel scheint den Menschenkindern ungnädig gestimmt gewesen zu sein. Sie sind die geborenen „Nichtskönner". Wenn sie auf die Welt kommen, müssen sie im Unterschied zu den Tierjungen alles erst lernen und erwerben. Da entwickelt sich wenig von alleine. Kindliches Bewegungsleben heißt deshalb auch immer Bewegungslernen, und das heißt üben.

„Nur Übung macht den Meister!". Will er's können, muß er's lernen, muß er's üben, muß sich ganz und ausschließlich diesem Üben widmen. Zur Meisterschaft im Nägeleinschlagen hat er es zwar noch nicht gebracht. Da ist noch zuviel Mühe, zuviel Unsicherheit, zuviel Nichtkönnen im Spiel, da steht noch mancher Nagel schief. Aber er ist auch kein Nichtkönner mehr. Sieben Nägel hat er schon geschafft, dem achten gehört seine ganze Aufmerksamkeit. Er ist auf dem besten Weg dazu, ein Könner zu werden. Wenn er so weitermacht, wird er's zur Meisterschaft bringen. „Früh übt sich eben, wer ein Meister werden will!"

Bewegungslernen heißt zwar Üben, angeleitet oder selbstbestimmt, pflichtgemäß oder freiwillig, spielerisch oder methodisch arrangiert. Doch das bedeutet nicht nur Mühe und verbissene Hartnäckigkeit. Nur in den seltensten Fällen geht es um die im Volksmund gepriesene Meisterschaft und die damit oft verbundene repressive Lehre. Vor allem beim Erlernen von Bewegung, Spiel und Sport gehen Kinder diesen Weg des Übens, der ihr Leben so sehr bestimmt, auch mit einer heiteren Neugier und einer gewissen Freude. Üben, das ist auch Lust am Lernen und Vorankommen, das ist Aufgehen im Tun und höchste Konzentration auf diesen Weg zum Können. Menschenkinder sind zwar die geborenen Nichtskönner, dafür aber können sie die unterschiedlichsten Bewegungen lernen: das aufrechte Gehen an Land, das Schwimmen und Tauchen im Wasser, das Essen mit Messer und Gabel, das Stehen auf Händen, das Reiten auf einem Pferd, das Schießen mit einem Gewehr, die Fingerfertigkeiten des Zauberns und Klavierspielens... So gesehen sind Menschenkinder geborene Alleskönner, und es stellt sich die Frage, was sie alles erwerben und worin sie sich besser nicht einüben sollten. Diese Frage bleibt letztlich als moralisches und pädagogisches Problem einer Kultur zurück, die den Kindern alles Menschenmögliche an Bewegung und Nichtbewegung vor- und möglich macht und die doch zugleich der kindlichen Bewegungswelt die Grenzen setzt.

Zwar können Kinder prinzipiell alles lernen; aber sie können dies nicht zu jeder Zeit. Sie müssen in ihrer körperlichen und motorischen Entwicklung gleichsam „reif" für etwas sein und entsprechende Bewegungen davor gelernt haben. Neben der einschränkenden oder anregenden Umwelt setzt das biologische Entwicklungsalter dem kindlichen Bewegungslernen seine Grenzen. Das Kind, das an der Hand seiner Großmutter die ersten Gehversuche macht, hat davor das Kriechen, das Krabbeln, das Aufrichten und das Stehen gelernt. Es wird mit großer Sicherheit auch bald das Laufen können. Dann wird es frei sein für das Lernen des Hüpfens und Springens, des Werfens und Fangens, des Kletterns, Steigens und Balancierens.

Neben den ,,natürlichen'' Bewegungen lernen Kinder in unserer Kultur auch schon sehr früh, sich mit Hilfe der technischen Medien von Roller, Fahrrad und Schlittschuh fortzubewegen. Wenn auch die Tücke des Objekts zunächst noch zur Vorsicht gemahnt und eine gewisse Ungeschicklichkeit sichtbar ist, so schränkt es die Bereitschaft und den Lerneifer doch nicht ein. Diese Art motorischer Ungeschicklichkeit bzw. Unerfahrenheit, gepaart mit einer ungebrochenen Lust am Lernen, hält bis ins frühe Grundschulalter an.

Im Verlauf der Grundschulzeit werden die Bewegungen aufgrund des langjährigen Übens und einer entsprechenden sensomotorischen Entwicklung runder und eleganter. Das Lernen neuer, auch komplizierter Bewegungen fällt immer leichter. Schreiben, Malen, Zeichnen, das Prellen, Werfen, Fangen mit der Hand und das Kicken, Stoppen und Führen eines Balles mit dem Fuß gelingen zunehmend besser. Das Interesse an handwerklichen und technischen Fertigkeiten nimmt zu, und das Erlernen sportlicher Fertigkeiten tritt in Schule und Freizeit mehr und mehr in den Vordergrund. Kindliches Bewegungsleben wird so immer disziplinierter und paßt sich mit zunehmendem Alter in die funktionalen und geregelten Bewegungsmuster der Arbeits-, Sport- und Spielkultur ein.

. . . Immerhin, das Brett ist ab. Mit einiger Übung wird auch er die ökonomische Art dieser Arbeitshandlung lernen. Ganz anders die gekonnte Pirouette auf dem Eis — elegant und lehrbuchreif. Das Mädchen beherrscht seine Übung fast schon wie eine Weltmeisterin! Von der Mühsal des Lernens kaum eine Spur. Hoffentlich versäumt sie es nicht, dieses für das Bewegungslernen günstigste Alter für mehr als nur das Eislaufen zu nutzen. Jetzt — gleichsam am Ende ihrer Kindheit — ist die beste Zeit des schnellen Lernens komplizierter und schwieriger Bewegungsabläufe gekommen.

Beim Auswählen, Lernen und Aneignen von Bewegungen und Verhaltensmustern brauchen Kinder Vorbilder, Lehrer und Helfer. Nur diese geben ihnen die Sicherheit und den Willen, Bestimmtes so ausdauernd zu üben. Vor allem bei komplizierten Bewegungsspielen und Fertigkeiten, bei noch nicht gekonnten Übungen, die Angst erzeugen, suchen sie kompetente Wisser, Anleiter, Könner und Helfer, die ihnen zeigen, wie das geht, die ihnen Mut machen und zu denen sie Vertrauen haben.

Mit aufregendem „Köpfer" ins Wasser springen, das kostet Überwindung. Wer springt schon ohne Angst mit dem Kopf voraus, der mit Schmerzen gelernt hat, daß das in aller Regel weh tut und unvernünftig ist? Nur „kopflose" Menschen? Bereitwillig folgen die Kinder deshalb dem erwachsenen Vorbild und seiner Methode. Bei diesem Lernen sind nicht nur Auge und Ohr voll dabei. Die Kinder sind mit all ihren Sinnen gefordert. Und sie werden sich vor allem ein „Herz fassen" müssen, wenn sie das, was der Kopf vielleicht schon begriffen hat, auch wirklich tun: Hineinspringen mit dem denkenden Kopf voraus.

Aber auch beim Spielen und selbst dort, wo Erwachsene und Kinder nicht absichtlich zeigen und helfen, werden sie als Vorbilder und Ansporn genommen. Zwar kann der kleine Junge an der Stange noch lange nicht, was seine große Schwester kann. Das Hinaufkommen ist zunächst sein vorrangiges Problem. Aber ihr Obensein und ihr gewagter Abgang sind auch ihm Beweis dafür, daß man – wie auch immer – hinaufkommen kann. Dazu scheint allerdings noch viel zu tun.

54

Erleichterungen, methodische, technische und körperliche Hilfen spielen beim Erlernen von Bewegungsfertigkeiten eine große Rolle. Vor allem in der reichhaltigen Bewegungskultur des Sports mit seinen z.T. komplizierten Techniken kommt man ohne technische Hilfen, methodische Vereinfachungen und ohne Helfen und Sichern nicht mehr aus. Diese Hilfen enthalten Chancen, gefahrlos und nahe an der angestrebten Fertigkeit zu üben, und bergen zugleich die Gefahr der „Gängelung", der Abhängigkeit und Verselbständigung in sich.

Ob der Schwimmring, das Schwimmbrett, die besorgte Bereitschaft des Vaters und seine unmittelbare Methode dem umsorgten Kind tatsächlich zum Schwimmen verhelfen oder ob dieses trotz alledem das Schwimmen lernen wird? Die Hürden durch Bank und Ball zu ersetzen, macht es dem Mädchen möglich, leicht und gekonnt das Hindernis zu überlaufen. Aber ein „richtiges" Hürdenlaufen ist das noch lange nicht. Der Fachmann sieht's und weiß, welche technischen und psychischen Hindernisse da noch zwischen dem Lauf über den Ball und dem angestrebten Lauf über die Hürde zu überwinden sind. Auch der Schüler hat noch einen langen Weg zum Felgaufschwung vor sich. Herumgezerrt durch fremde Kraft, hat er zwar das Erlebnis; doch den richtigen Einsatz seiner eigenen Kräfte lernt er dadurch nicht.

In der Schule wird's offenkundig: Kindliches Bewegungsleben heißt Bewegungslernen. Der Lebensraum der Kinder wird zum Lernraum. Alle sind auf dieses Lernen verpflichtet. Auch wenn man den Lehrer nicht sieht, sein methodisches und organisatorisches Walten ist gegenwärtig. Ob sie wollen oder nicht, sie müssen das Hürdenlaufen, den Felgaufschwung, die Kerze, den Handstand und vieles mehr unter entsprechenden Anleitungen und Organisationsformen lernen. Dem Lernen gehört alle Aufmerksamkeit.

Können

Daß Können eine „Kunst" ist, erleben Kinder in ihren noch nicht beherrschten oder gerade erst beherrschten Bewegungen unmittelbar. Sie empfinden das noch nicht Gekonnte als etwas Großes, aber auch Schweres, eben als Kunst. Und da sie vieles noch nicht können, ist die Sehnsucht danach und die Freude am ersten Gelingen so echt und ungebrochen.

Kinder wollen zunächst einmal das können, was die anderen, die Großen, schon können: Stehen, Laufen, Werfen, Trinken aus dem Glas, Essen mit Messer und Gabel und vieles mehr. „Schaut her, ich kann Radfahren! Nun bin ich einer von euch!" Freude und Stolz an diesem immer wieder versuchten und nun endlich gelungenen Können sind ihm ins Gesicht geschrieben. Aufatmen! Ahnung von möglicher Freiheit und Selbständigkeit?

Kinder wollen aber auch etwas Besonderes bzw. etwas besonders gut können, das sie aus all den anderen heraushebt und sie einmalig macht: Radfahren und natürlich auch Rollschuhlaufen kann sie schon lange. Das genügt ihr nicht mehr. Rollschuhlaufen in großer Geschwindigkeit, dabei noch einen Schläger halten, einen Ball führen und zugleich nach Mit- und Gegenspieler Ausschau halten, das ist schwer. Und wie sie das kann, können's nur wenige.

Das zu können, was alle können und darüber hinaus etwas Besonderes zu können, spiegelt das tiefe menschliche Grundbedürfnis wider, so zu sein wie alle anderen und doch zugleich einmalig. Das Erlebnis des „Ich kann!" ist auf allen Altersstufen eine so wichtige und beglückende Grunderfahrung. Im Können erfahren Kinder eine Befreiung aus dem Nichtkönnen und damit immer auch aus Abhängigkeiten, und sie erfahren sich in ihrem besonderen Wert als selbständige und einmalige Person. Was Kinder können, das wollen sie zeigen. Das erstmals gelungene freie Stehen oder den lange eingeübten Handstand. Daraus machen sie nicht selten ein Kunststück, das auf die Schwierigkeit des Gekonnten zeigen will und zu dem sie ihre Zuschauer brauchen. Ihre Hoffnung besteht darin, für die Leistung des schwierigen Könnens in ihrer ganzen Person anerkannt zu werden.

„Stehen kann doch jeder, das ist ‚kinderleicht'. Aber stehen auf einem Ball – so wie ich – und dazu noch einen Ball fangen, das ist schon ein Kunststück!" Das ist ihr Kunststück, nicht gerade schwierig zwar, aber eben doch etwas ganz Besonderes. Auch das Schaukeln, mit dem Kopf nach unten hängend, ist von dieser Art.
Über diese persönliche Gestaltung einfachen Könnens hinaus kann das Können auch eine herausragende,

von allen anerkannte Exklusivität besitzen: „Ich kann Reiten, Skilaufen, Tennisspielen . . . !" bedeutet zunächst nicht etwas glänzend beherrschen, sondern die Gelegenheit dazu zu haben und sich dadurch schon herauszuheben aus den anderen. Die Chance zum Reiten und vielen anderen exklusiven Sportarten besitzen jedoch nur wenige Kinder. Innerhalb der Reiterei geht es dann allerdings um mehr als um den Bluff, ein „Reiter" zu sein. Mit einem Pferd umgehen, es beherrschen und im Ritt mit höchster Geschwindigkeit sich darauf halten, d.h. Reiten können, ist schon eine hohe Kunst, die nicht nur Kinder zu der Frage drängt: „Wer kann's am besten?" Der Beweis will erbracht werden. Vor der Kulisse eines großen Publikums geht es um den Vergleich des Könnens im sportlichen Wettkampf. Dabei kann man sein Können demonstrieren, aber auch daran scheitern. Wie der einzelne Sieg und Niederlage vor der Zeugenschaft vieler verarbeitet, ist das Grundproblem sportlichen Könnens.

„Wer kann's am besten? Wer ist der Beste?" Diese Fragen sind im Können enthalten und werden häufig gestellt. Daraus machen sich schon Kinder einen „Sport": Sie messen und vergleichen, bewerten und plazieren ihr Können und damit immer auch sich, wenn's immer nur geht. Daraus wird aber auch mit Kindern schon (ein) Sport gemacht. Wer ist gut, wer ist der Beste im Turnen, Schwimmen, Schnellaufen, Hochspringen . . . ? Wer ist der Beste des Vereins, des Bezirkes, des Landes oder gar der ganzen Welt? Das zu ergründen, verlockt und verführt natürlich Kinder, die so gerne „gut" sein möchten.

Der junge Fußballspieler im Nationalgewand hat's schon geschafft. Als Mitglied der deutschen Schülernationalmannschaft ist er einer der besten Könner des Landes. Erfaßt und ausgewählt vom Kadersystem des Sports, das seine höchste Leistung fördert und fordert. Frühe „Größe" und frühe Belastung sind dabei die Probleme des Hochleistungssports im Kindesalter. Die Risiken zu Überheblichkeit und zum Scheitern, zum Gewinnen und Verlieren, nicht nur des Spiels, sind hier allemal inbegriffen.

Anders das Schießen auf die Torwand in Alltagskleidung, spontan organisiert und freiwillig. Doch auch hier geht's nach dem Prinzip des Sports. Auch wenn's für die Nationalmannschaft oder auch nur für die Vereinself noch nicht reicht, hier können sie ihr Können demonstrieren und zur Bewertung stellen. Die Gleichheit der Bedingungen und die Vergleichbarkeit der gezählten Treffer beim Torwandschießen und die gemessene Höhe beim Hochsprung schaffen die „Werte", Erster, aber auch Letzter zu sein.

Etwas Außergewöhnliches, Einmaliges zu können ist für Kinder noch genau so wichtig, wie etwas — meß- und vergleichbar — am besten zu können. Die circensische Art des Könnens und seiner Präsentation, die Szenerie der Kulisse und der Kleidung sowie die Dramaturgie um die Frage: „Klappt es oder klappt es nicht?" das ist ganz nach dem Geschmack der Kinder. Schwieriges mit Leichtigkeit und Eleganz zu zeigen, das Können zur vorführbaren Kunst zu erheben ist das Thema, das sie sich dabei stellen und das sie so sehr reizt.

Handstand zu dritt und die Pyramide auf dem Pferd, das ist schon etwas Einmaliges und Schwieriges, das man seinem Publikum vorzeigen kann. Zwar ist von der Not des Nichtkönnens noch etwas zu merken, aber die künstlerischen Gesten und die demonstrativen Bewegungen sind als Gesten großer Könner zu verstehen. Voilà!

Artistisches zu können und Artist zu sein — welches Kind träumt nicht davon? Artist zu sein als Kind hingegen ist keine Träumerei. Die Leichtigkeit, mit der der junge Künstler seinen Kopfstand macht, verrät wenig von der Härte des Trainings, die vor dem Kunststück steht. Circuskinder wissen von der disziplinierten Arbeit, die ans Können geknüpft ist, und wollten wahrscheinlich doch nichts anderes sein als Kunststückemacher.

Sich anstrengen

Es ist anstrengend, etwas Schweres zu heben, schnell oder sehr lange zu laufen oder eine kniffelige Aufgabe zu bewältigen und sich dabei über einen längeren Zeitraum zu konzentrieren. Anstrengend ist dies immer dann, wenn man sich Mühe geben muß, wenn etwas nicht leicht fällt, wenn die Grenze der eigenen Leistungsfähigkeit erreicht wird.
Doch wozu sich anstrengen, wenn das Mühe macht?
Wer sich anstrengt, möchte etwas erreichen: ein Ziel treffen, eine Aufgabe bewältigen, einen Gewinn erzielen, einen Gegner besiegen . . .
Anstrengung ist die Brücke, der Vermittler zwischen Wunsch und Erfüllung.

Tritt der Erfolg nicht ein, war die Anstrengung zu gering oder die Aufgabe zu schwer. Geht der Wunsch zu leicht und ohne Anstrengung in Erfüllung, macht eine Sache oft keinen Spaß mehr. Sich anstrengen mit Erfolgsaussicht macht Spaß.

Dennoch ist Anstrengung oft verpönt — oder es ist verpönt, Anstrengung zu zeigen. Lässig den Ball ins Tor zu schieben oder den schweren Sack zu heben, macht mehr Eindruck, als dies mit verzerrtem Gesicht zu tun. Denn wer Mühe hat, erscheint nicht so gut, so geschickt, so stark, so schnell . . .
Doch wollen gerade Erwachsene von Kindern auch Anstrengung und Einsatz sehen. Sich da zurechtzufinden ist oft schwierig und für Kinder zumeist dann kein Problem, wenn Erwachsene sich nicht einmischen.

Was Kinder dazu bringt, sich anzustrengen, ist unterschiedlich. Gut zu treffen, hoch zu springen, das Brett zu beherrschen ist reizvoll, weil es nicht einfach ist, weil man mehr ist, wenn man mehr kann.
Dabei ist es anstrengend, sich auf die Aufgabe zu konzentrieren. Man muß sich zusammennehmen, Auge und Hand müssen zusammenspielen — nur dann trifft der Pfeil.

Die Bewegung muß im Geist vorweggenommen, die Muskulatur gespannt sein, der Moment des Absprungs oder der Kurvenlage muß genau richtig erfühlt werden.
Die Anstrengung liegt in der Konzentration auf die Beherrschung des Körpers und des Gerätes, der Reiz im Experimentieren mit Balance und Fliehkraft, in der neuartigen Aufgabe, für die erst noch das richtige Gefühl gefunden werden muß.

Mühsam erscheint diese Anstrengung nicht, denn Körper und Sinne sind auf die Bewältigung der Aufgabe gerichtet; sie sind gespannt, aber nicht verspannt.
Durch immer wiederholte Versuche werden sie besser treffen, werden höher springen, werden perfekt fahren — so lange, bis sie es „wie im Schlaf" können. Dann werden sie neue Schwierigkeiten, neue Anstrengung suchen.

Doch nicht nur einer reizvollen Sache wegen, auch aus anderen Gründen strengt man sich an: weil man anderen Kindern, Erwachsenen imponieren will, weil man eine Belohnung, einen Preis oder Zensuren, weil man Anerkennung bekommt, vielleicht aber auch aus Angst vor Strafe oder einfach um zu „überleben".
Im Sportunterricht der Schule ist es oft nicht nur die Sache selbst, um deretwillen man sich anstrengt, auch wenn dies das erklärte Ziel ist.
Die Anstrengung des Läufers ist äußerlich sichtbar. Warum tut er das, obwohl keiner ihn jagt und am Ziel auch keine Schokolade wartet? Der Spaß am Laufen selbst kann es, muß es aber nicht sein. Ist es die Zeit, die er braucht, um 20 Punkte zu bekommen, der Lehrer und die Mitschüler, die ihn vielleicht beobachten, oder ist es ein nicht sichtbarer Gegner? Oder auch sein eigener Ehrgeiz — und wo kommt der her? Oder ist es von allem ein bißchen und noch mehr?
Warum sich sein Klassenkamerad anstrengt, ist offensichtlicher. Er möchte den Gegner einholen oder zumindest an ihm, der so locker davonzieht, dranbleiben.
Ihre Grenze ist ihre maximale Schnelligkeit, über die kommen sie bei aller Anstrengung nicht hinaus.

Anstrengung bis zur Erschöpfung. Sichtbar an der Leistungsgrenze. 1000-Meter-Lauf tut weh. Der „Gegner" ist hier auch die Uhr und möglicherweise sogar der Lehrer, der diese Anstrengung abnötigt. Und vielleicht noch nicht einmal der selbst, sondern die dahinter stehende Punktetabelle. Sie setzen den Maßstab, der gewollt oder ungewollt akzeptiert wird, bis zum Ausschöpfen der letzten Reserven. Der Gegner ist auch der eigene Körper, die eigene Erschöpfung, die noch zu geringe Ausdauer und das Bestreben, einfach stehenzubleiben! Hier wird Anstrengung zur Überwindung.

Lohnt sich die Anstrengung bis zum Schmerz? Gut kann es sein, einfach einmal zu erfahren wie das ist, wenn es weh tut; gut ist das Bewußtsein, es geschafft zu haben, sich überwunden zu haben; schön ist das wohlig-müde Gefühl danach.
Gut ist es auch, weil man Ausdauer —

viel mehr als z.B. Schnelligkeit – trainieren kann. Wenn man immer wieder bis an die Grenze geht, verschiebt sich die Grenze. Man verfügt besser über seinen Körper und wird damit belastbarer – und gewinnt dadurch Freiheit.
Gut ist dies jedoch nur, wenn nach dem Sinn und den Grenzen der Anstrengung gefragt wird.

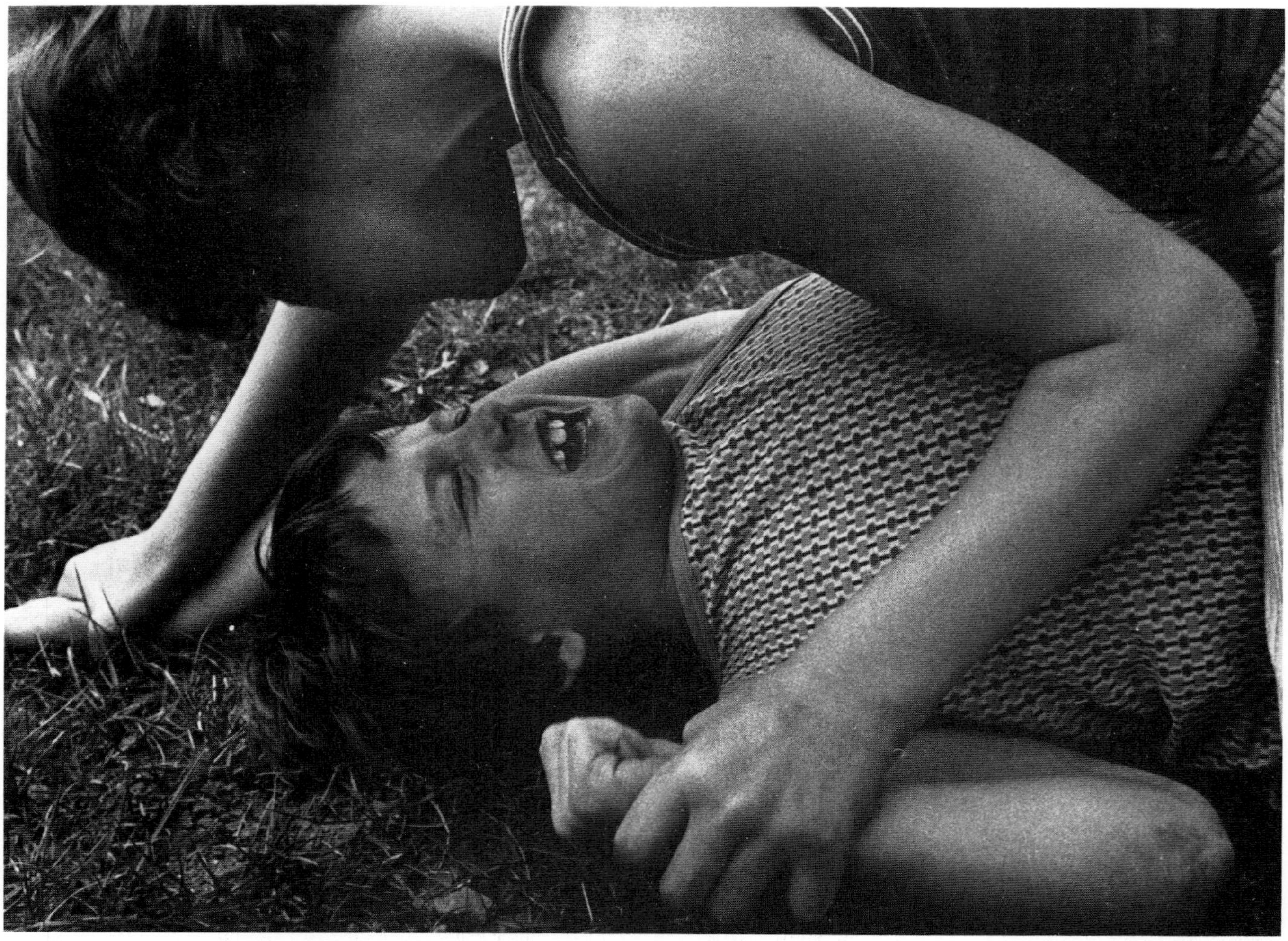

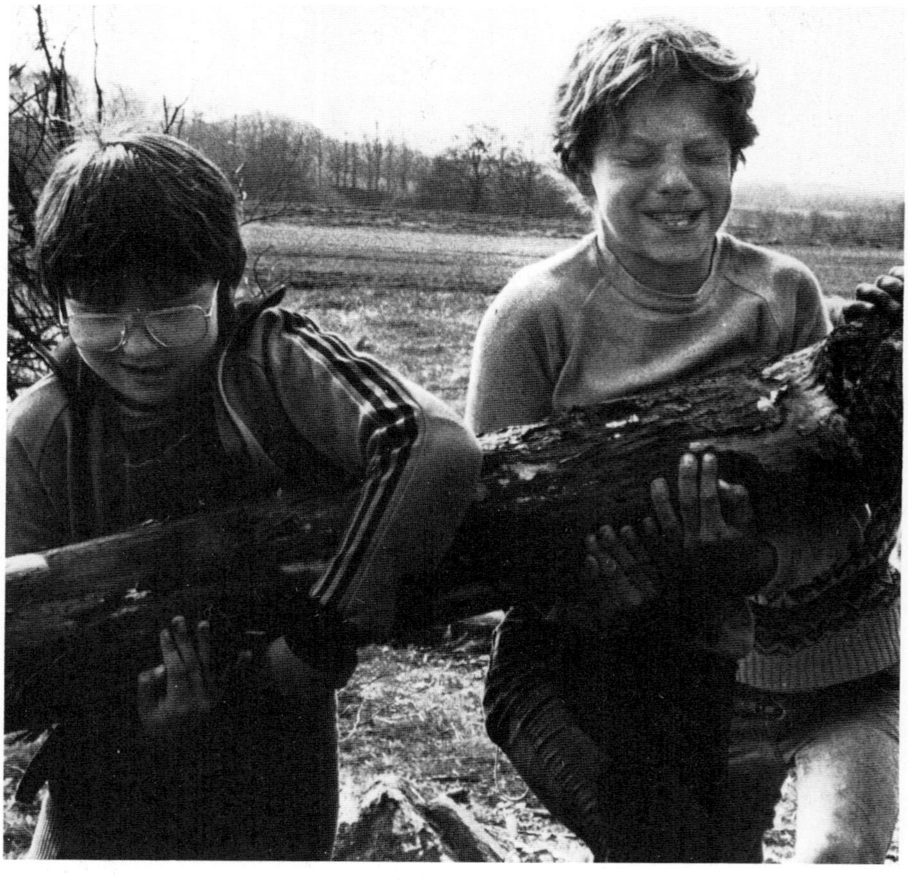

Das Leben ist Kampf, so wird gesagt – auch und gerade bei Kindern scheint sich das anschaulich widerzuspiegeln. Wer sich nicht als Einzelner durchsetzt, verliert schon früh an Selbstvertrauen, verliert vielleicht auch Freunde. Der Ringkampf ist Spiel und bitterer Ernst zugleich. Doch Anstrengung kann auch Spaß machen und mehr sein als bitterer Einzelkampf, wenn man gemeinsam an einem Strang zieht. Man spürt seine Kraft und die der Anderen. Man sieht den Erfolg. Steht im Gesicht hinter der Anstrengung bei jedem deshalb die Freude, weil keiner ganz auf sich selbst, sondern auch auf die Anstrengung der anderen sich verlassen kann? Weil das mehr Spiel und weniger Ernst ist oder weil Erfolg oder Niederlage nicht so ausschließlich am Einzelnen hängenbleiben? Weil das Resultat nicht so wichtig ist, weil es nicht aufgeschrieben wird und kein Scheitern droht? Anstrengung kann also Spaß machen, wenn ...

Dennoch, das Resultat der Anstrengung – Sieg oder Niederlage – hat große Bedeutung. Das gilt fürs Leben insgesamt ebenso wie für das Spiel, denn von Erfolg oder Mißerfolg hängt Glück oder Unglück ab. Aus Erfolg und Mißerfolg wird Gewinnen und Verlieren oder Sieg und Niederlage dann, wenn etwa Gleichwertige in einem Wettkampf nach bestimmten Regeln gegeneinander antreten mit dem Ziel, besser zu sein als der andere. Abhängig sind Sieg oder Niederlage vom Können oder Nichtkönnen, von Anstrengung oder Zufall und von den selbstgemachten oder vorgegebenen Regeln.
Wer gewinnt oder verliert, erhält An-

erkennung oder Ablehnung, Lob oder Tadel, erlebt Mitfreuen oder Mitleiden — vielleicht aber auch Schadenfreude.

Wer die letzte Murmel reintrifft, bekommt alle Murmeln. Der Gewinn des einen ist hier, ganz materiell, der Verlust des anderen. Bei den meisten Spielen geht es jedoch „nur um die Ehre". Wie der Sieger ermittelt wird, bestimmen die Regeln. Alle müssen sich daran halten. Jeder kontrolliert den anderen. Das Spiel hat Anfang und Ende, ist eine Welt für sich, von den Teilnehmern selbst gemacht und von ihnen selbst zu verändern: Darf man übertreten, darf der Kleine näher ran, wer darf mitspielen, wer spielt mit wem, wie muß man schießen, hüpfen, rennen? Wann ist das Spiel aus und wer hat gewonnen, gelten deine oder gelten meine Regeln . . . ? Ganz vieles muß entschieden werden, von allen gemeinsam oder vom erklärten oder geheimen Anführer.

Spannend ist es dann, wenn jeder noch eine Chance hat zu gewinnen. Hat der Verlierer keine Murmeln mehr, hat der Gewinner mit dem Sack kein Spiel mehr. Ist das Spiel nicht mehr spannend, dann muß man die Regeln ändern. Um das zu können, muß man sie aber kennen und verstehen.

Im Sportunterricht bestimmen zumeist Erwachsene, wer gewinnt oder verliert; sie messen, werten, zensieren. Immer angemessen, gerecht? — Hoffentlich stoppen sie beim 50-m-Lauf nicht den Schatten auf der Ziellinie; denn zwei Zehntel könnten eine Note sein, und das wäre ärgerlich.

Ärgerlich ist vieles im Sport. Warum etwa rauft der Junge sich die Haare? Wegen einer schlechten Weite oder Zeit? Weil er sich nicht genügend angestrengt hat? Ärgern könnte er sich vielleicht, weil er sonst besser ist, weil er gerade heute versagt, da aufgeschrieben wird, da es darauf — auf eine Siegerurkunde oder eine Note — ankommt..., weil die anderen, der Lehrer, die Mitschüler, er selbst, mehr erwartet hatten. Erfolg oder Mißerfolg bekommen hier Bedeutung, sind nicht nur so „zum Spaß" da, sondern für die Anerkennung durch andere und dadurch für das eigene Selbstbewußtsein und Selbstvertrauen. Außerdem wird der Mißerfolg bald Wirkung zeigen: Man kommt nicht mehr in die Mannschaft, wegen einer schlechten Note bekommt man Ärger, die Eltern könnten schimpfen... Mimik und Gestik offenbaren die Bedeutung, die Sieg oder Niederlage für jeden haben. Braucht der Junge jetzt Ermutigung, Ansporn, Tadel, Kritik, Korrektur oder einfach nur Trost? Oder ist es am besten, ihn allein zu lassen mit seinem Ärger und seiner Enttäuschung?

In der Enttäuschung allein, im Jubel gemeinsam: Wir haben's geschafft; wir haben ein Tor geschossen! Doch nicht nur das – wir haben ein Tor mehr geschossen als die anderen. Der Jubel darf hier gezeigt werden, Kinder dürfen jubeln – Sportler in der Arena auch. Dabei darf man sich umarmen, darf sich anfassen, küssen, darf schreien, darf hüpfen vor Freude. Wann tut man das sonst noch?

Die Niederlage des einen ist Leid oder Freud des anderen. Spieler und Zuschauer sind eins. Beim Staffellauf ist man beides zugleich: Gewonnen, geschummelt, Revanche . . . ! Hier gemeinsam gewonnen, gemeinsam vielleicht geschummelt, gemeinsam verloren. Gemeinsam – und deshalb so fröhlich, denn das Schöne – der Sieg – ist noch schöner, und das ‚Schlimme' – die Niederlage – ist nicht so schlimm. Auch gibt es hierfür wahrscheinlich keine Benotung, keine Belohnung. Sieg und Niederlage sind nicht so wichtig. Könnte das ein Ziel für alle Wettkämpfe mit Siegern und Besiegten sein?

Pausen

Kinder — so scheint's — sind unermüdlich und pausenlos aktiv. Brauchen sie etwa keine Pausen? Vielleicht nicht, solange sie ihren Tag und ihr Tun selbst bestimmen können; solange Anstrengung und Erholung, Bewegung und Ruhe einander ständig abwechseln und ergänzen. Was ist dann Spiel und was ist Pause? Beide hängen so eng miteinander zusammen, daß Kinder vielleicht nur die Essens- oder Hausaufgabenzeit als unliebsame Unterbrechung und Zwangspause empfinden. Ihr starkes Bedürfnis zu spielen und sich zu bewegen bestimmt, wann und was eine Pause ist und was sie in ihr tun wollen. Können sie dieses Bedürfnis nicht befriedigen und ausleben, wächst der Wunsch nach einer Bewegungspause. Die Rastpause während einer langen Autofahrt oder die Schulpause nach einer Stunde Sitzunterricht sind sehnsüchtig herbeigewünschte Bewegungs- und Tobezeiten. Meistens sind sie viel zu kurz. Wartepausen hingegen können nicht kurz genug sein. Anstehen und zuschauen müssen, fällt nicht leicht. Dran zu sein, ist schöner.

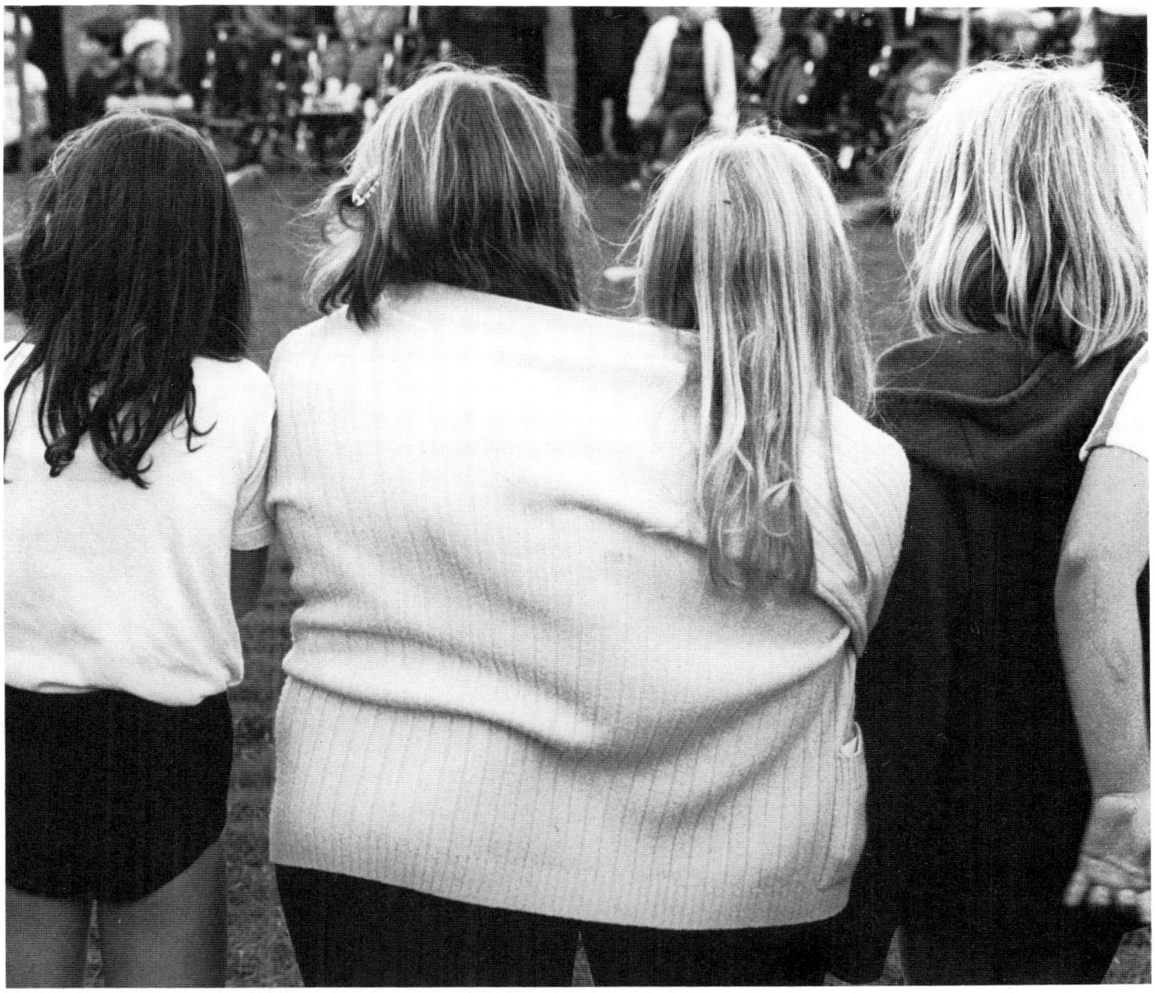

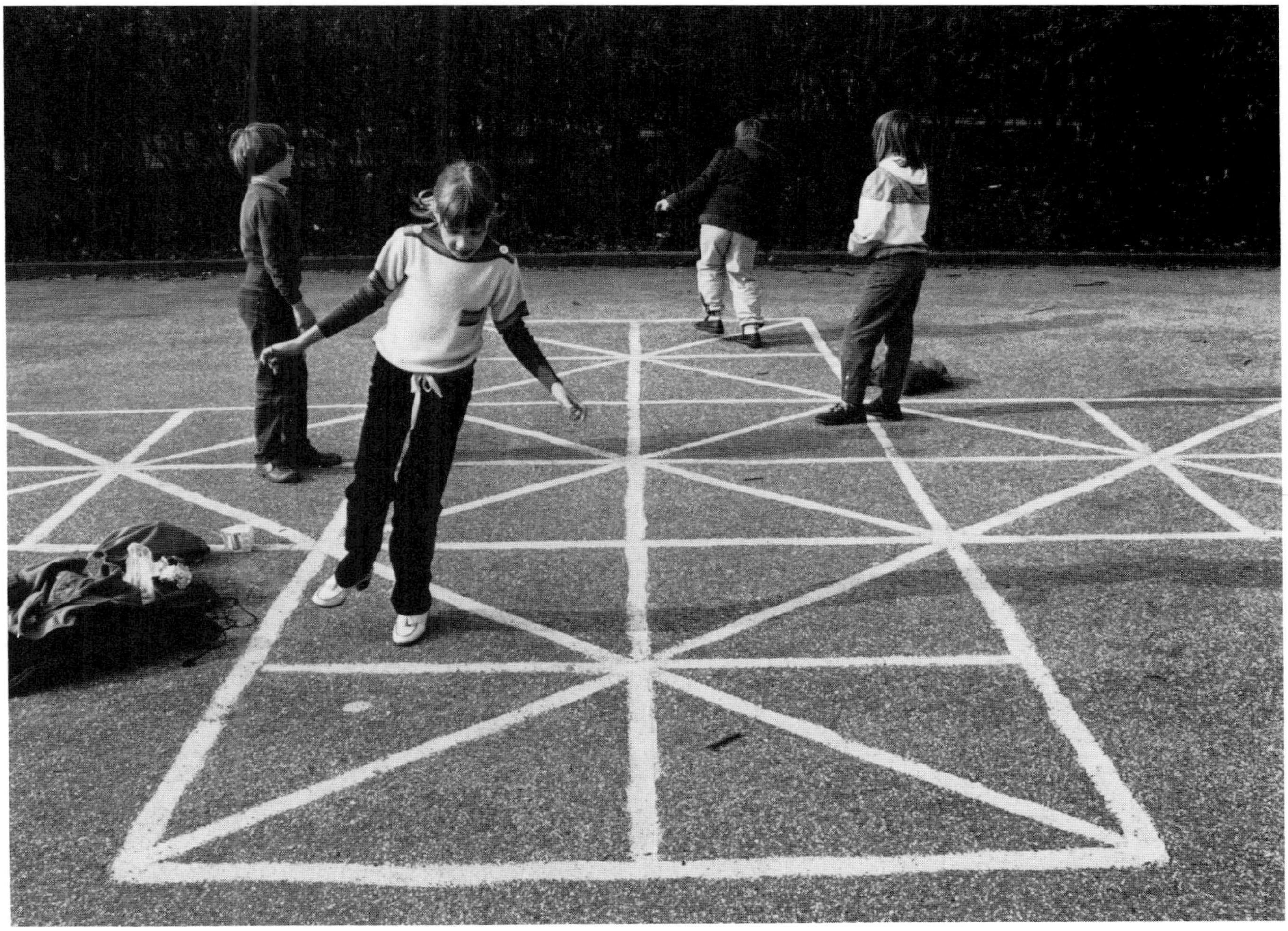

Können Kinder ausgiebig und ungehindert toben und spielen, sehnen sie sich auch nach Ruhe und Erholung. Am liebsten machen sie ihre Pause dort, wo sie gerade spielen. Erschöpft vom Spiel, suchen sie sich ein Ruheplätzchen. Ist es bequem und gemütlich, wagen sie, die Augen zu schließen und zu träumen. Sich entspannen und wohlig die Ruhe genießen, aber zugleich dabeisein und jederzeit wieder mitmachen können – Pausen, wie sie sich Kinder einrichten.

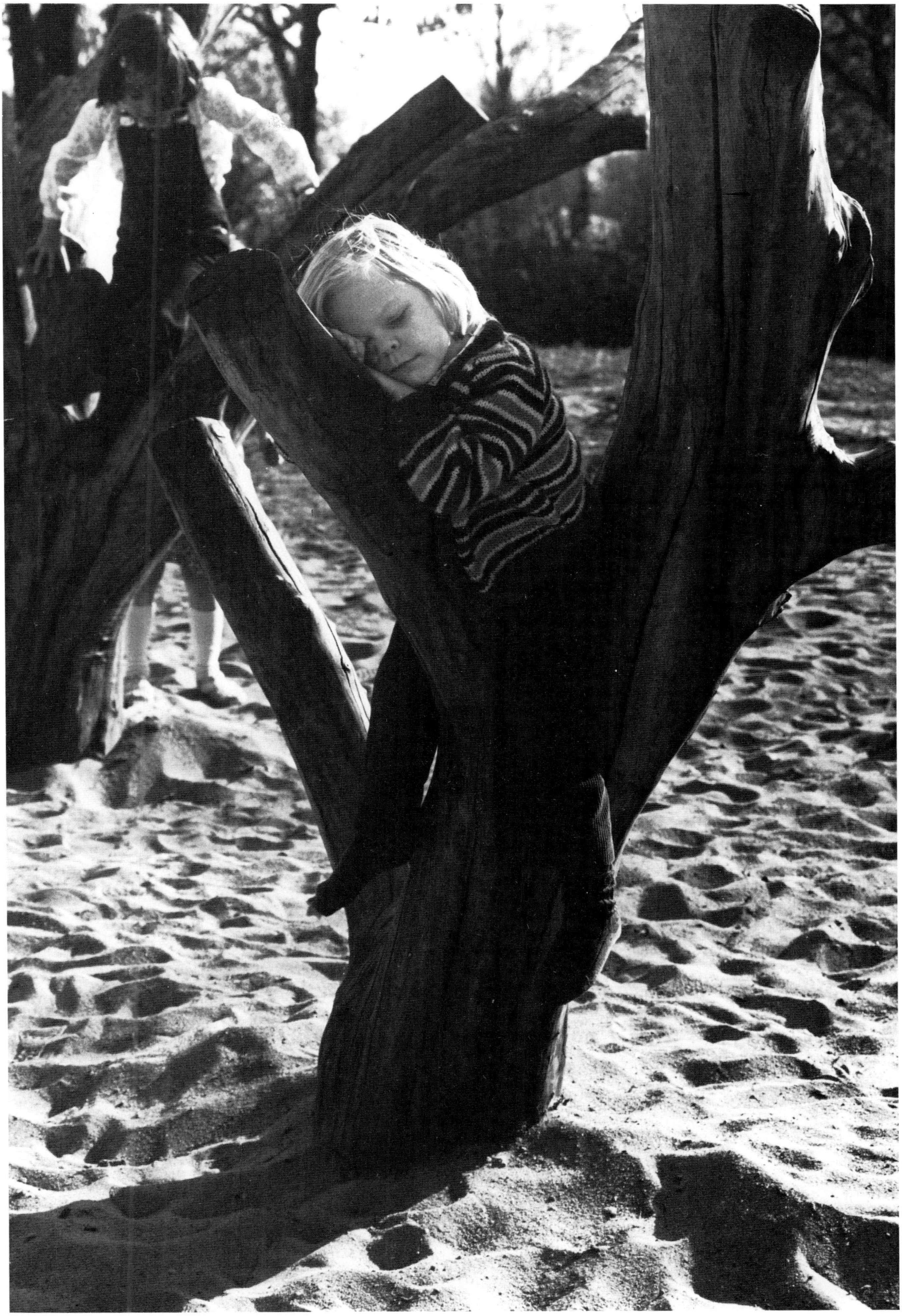

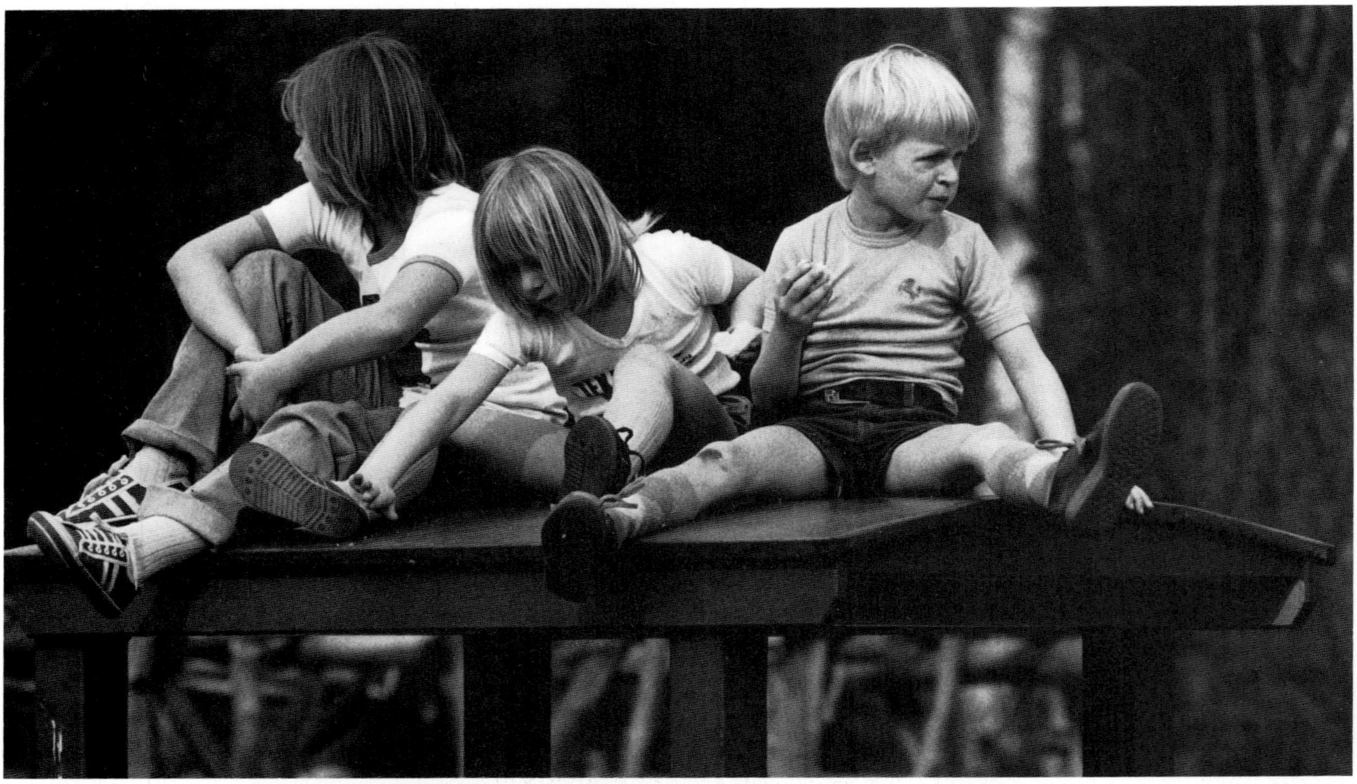

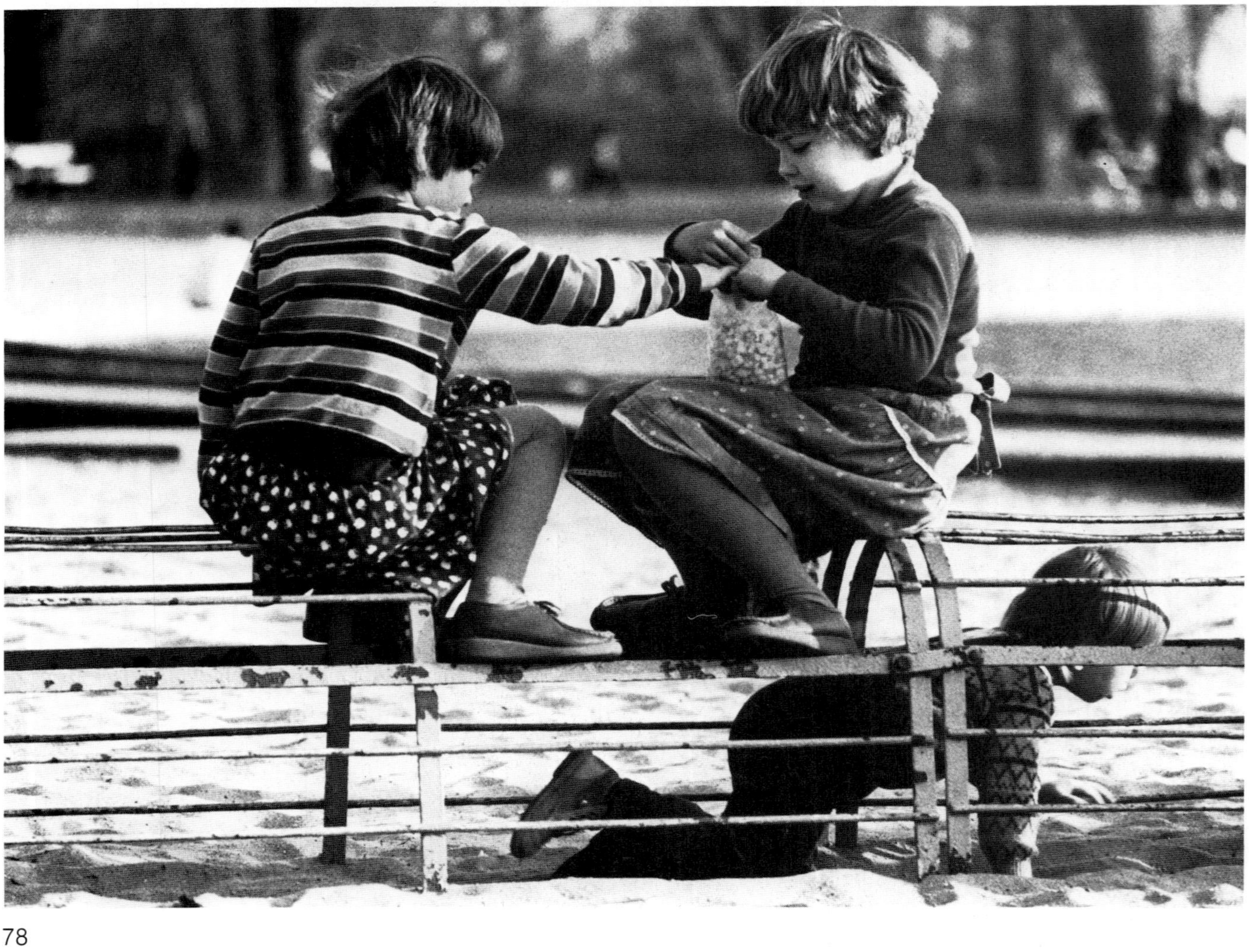

Pausen entstehen auch dann, wenn ein Spiel langweilig wird oder zu Ende gegangen ist, wenn man jemanden trifft oder jemand mitspielen möchte. Unterbrechungen, in denen über die neue Lage geredet und gestritten wird. Aber auch Pausen, in denen das Spiel vergessen wird. Klönpausen über Schule und Fernsehen, Gott und die Welt.
Nicht alle Pausen sind erwünscht, nicht alle Wünsche nach Pause werden erfüllt. Wird kleineren Kindern das Laufen zu anstrengend oder zu langweilig, dann wollen sie getragen werden. Nicht immer wird ihr Wunsch erhört. Sie werden ermuntert weiterzulaufen. Doch schon bald wird sich das Schauspiel wiederholen.
Haben es Erwachsene eilig oder wollen sie größere Strecken zurücklegen, sind kleine Kinder hinderlich. Sie werden getragen oder geschoben. So sehr Kinder dies genießen, so sehr kann es für sie auch zu einer Strapaze werden. Nicht alle unfreiwilligen Pausen lassen sich vermeiden. Sie lassen sich aber häufig erträglicher einrichten, wenn Erwachsene das Bedürfnis von Kindern nach Pause und nach Bewegung weniger stark ihren Interessen unterordnen.

Gelegenheiten

Gelegenheit kann alles sein oder werden. Kinder entscheiden, was ihnen gelegen kommt. Zum Bewegen, zum Spielen, zum Betrachten. Wo dazu wenig Gelegenheiten sind, muß man sie suchen oder schaffen. Doch dies hat Grenzen: Verbote, Regeln, Hindernisse.

Gelegenheiten sind alltäglich und überall. Vor der Haustür, auf dem Spielplatz, auf dem Schulweg. Nichts, was nicht gelegen käme. Doch Gelegenheiten müssen erkannt werden. Das ist nicht immer einfach und für alle leicht. Viele Gelegenheiten werden verpaßt, viele verhindert. Was sind dann gefundene, genutzte Gelegenheiten? Ausdruck kindlicher Kreativität oder Ausweg aus gesellschaftlichen Einschränkungen?

Mit Vertrautem und Bekanntem anders umzugehen als vorgesehen schafft eine interessante Gelegenheit zum Bewegen. Nicht der Bürgersteig, sondern die Begrenzungsmauer wird zum Gehweg. Nicht die Stufen, die Kanten werden benutzt. Das Geländer, Schutz vor unbedachten Schritten auf die Straße, wird zum Reck, der Zaun zum Balanciergerät. Blumenkübel, Verschönerung der Straße, werden zum Hindernis. Auf der Suche nach Spannung und Aufsehen wird die Maueröffnung im „Todessprung" bewältigt.

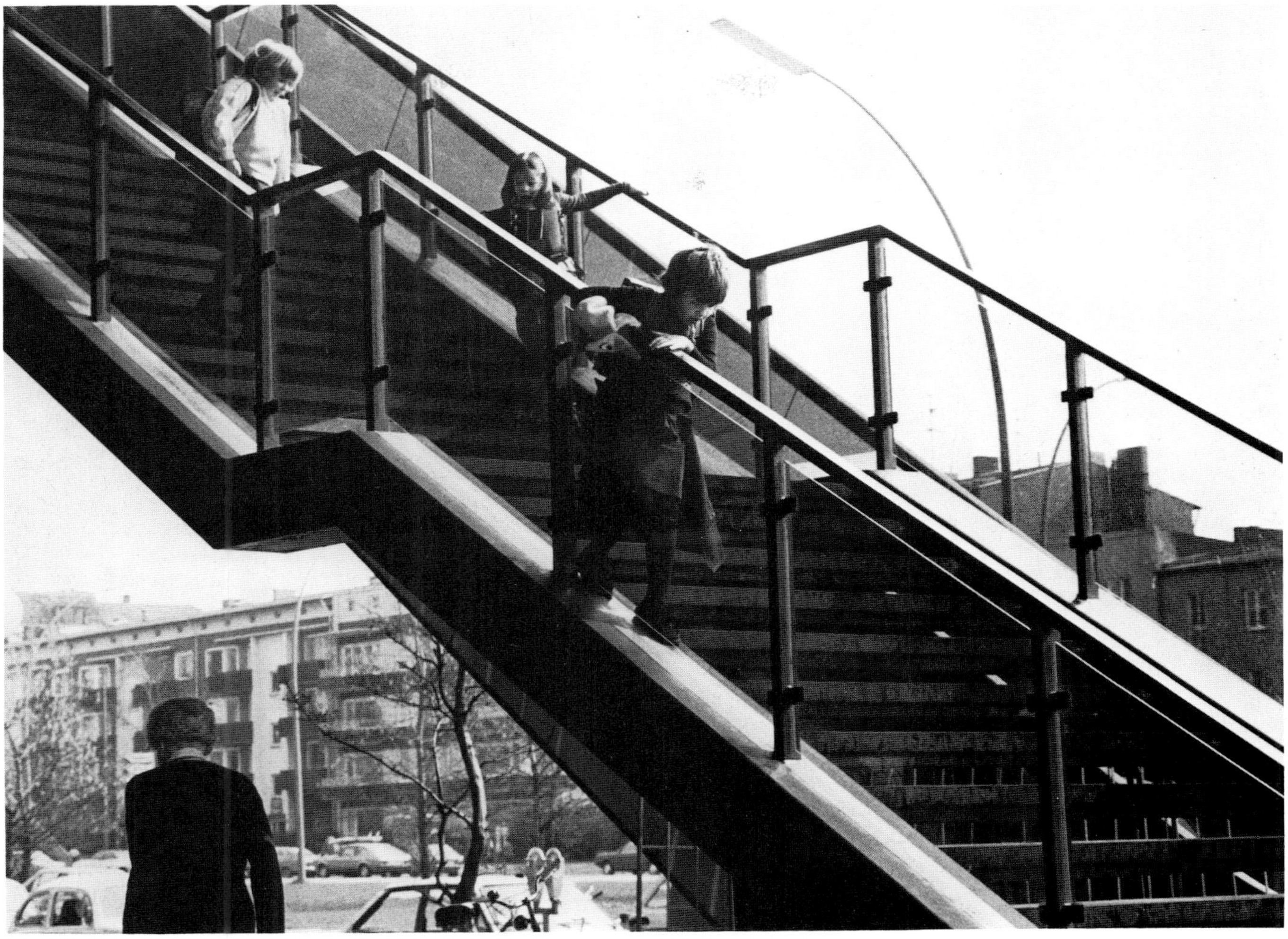

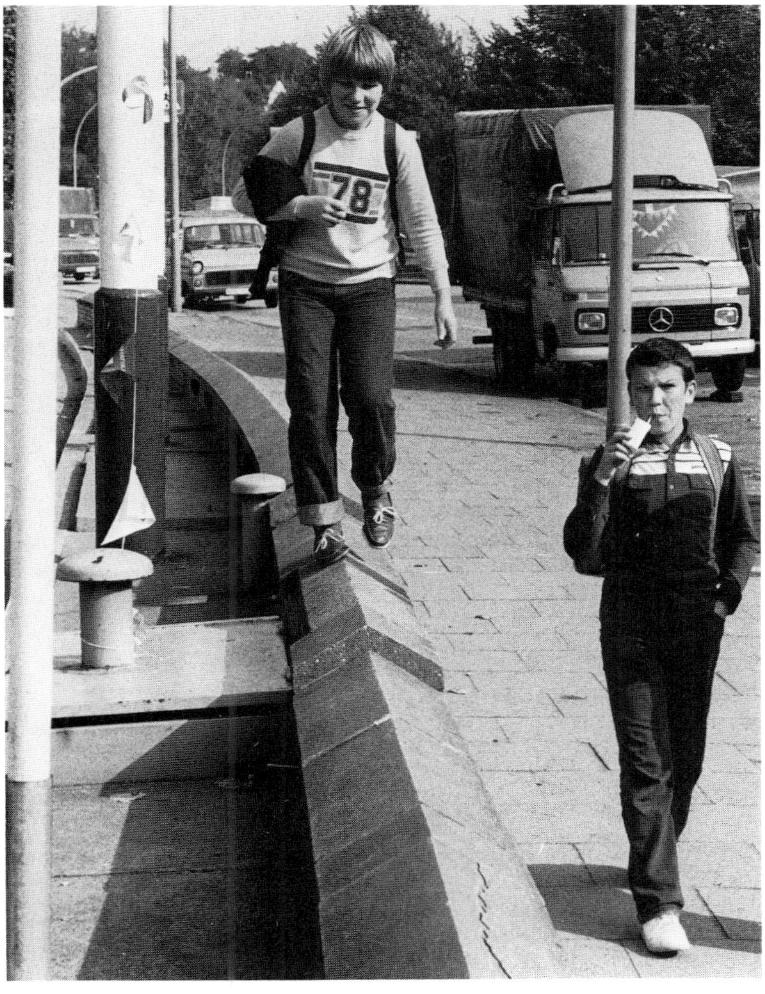
78

82

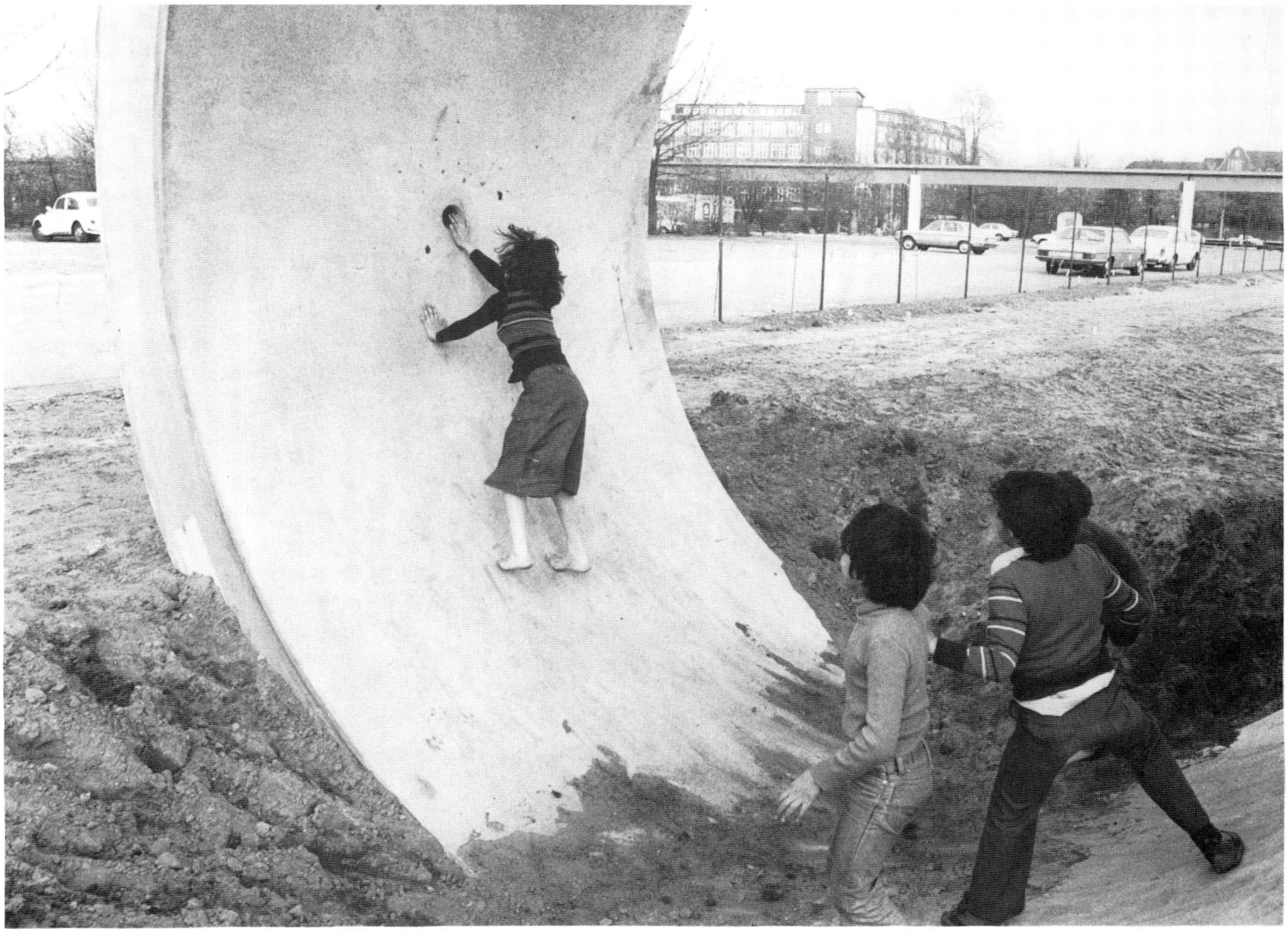

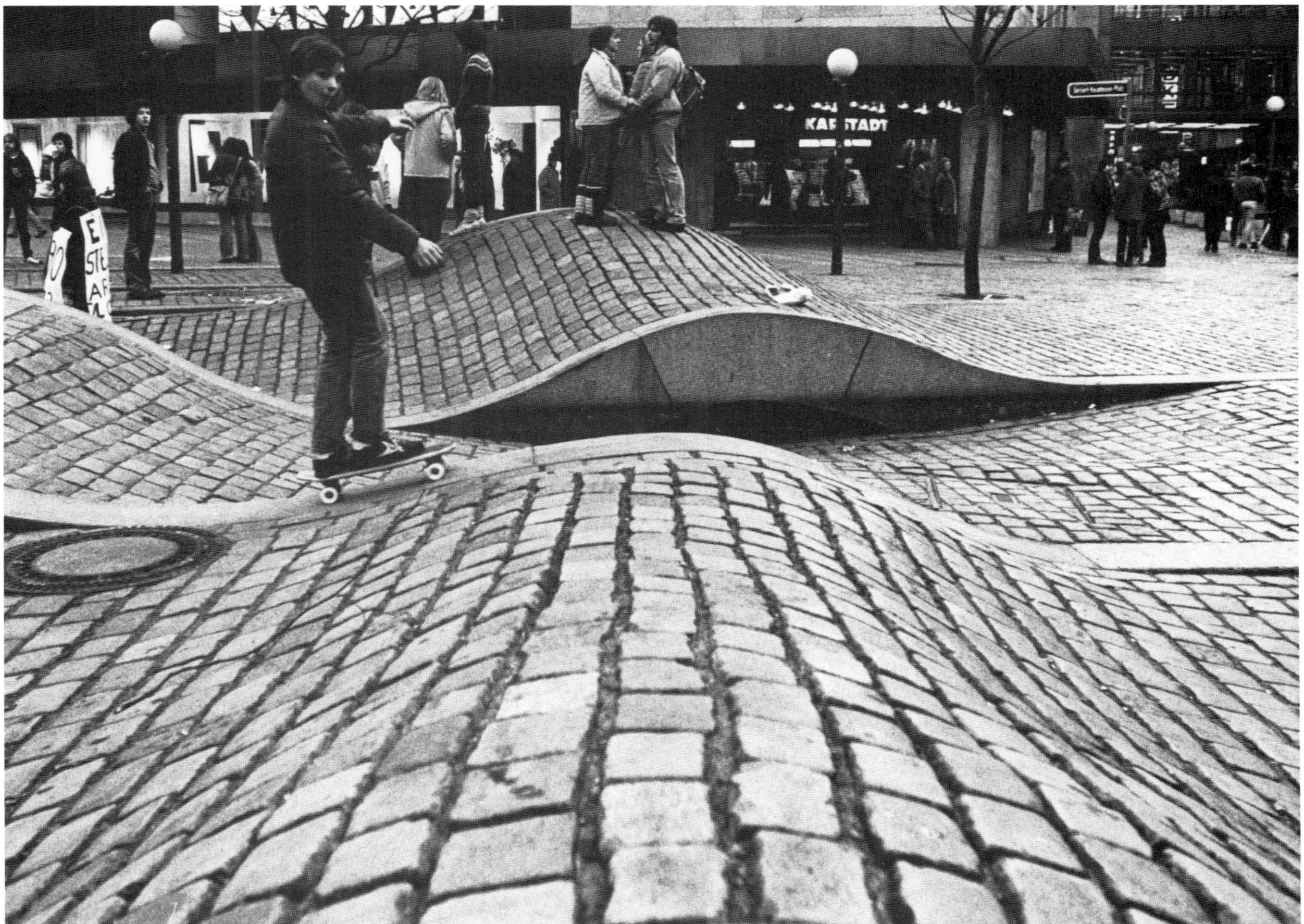
KARSTADT

Nicht alle Bewegungsgelegenheiten sind alltäglich und nah. Manche sind gesucht, erschlossen, herbeigeholt. Rollbrett und Bodenwelle ergeben eine Berg- und Talfahrt; ein Loch in einer Röhre bringt eine Spielidee; ein Tor wird zur Kletterstange; die Wasserfläche wird für den Fahrradfahrer zur Herausforderung.

Manche Gelegenheiten sind vergänglich. Sie kommen und gehen. Wer zu spät kommt oder zu lange zaudert, verpaßt sie. Der Schnee liegt nicht ewig, das Eis hält nicht immer. Hinein ins Vergnügen – das Ende ist gewiß.
Der Sperrmüll mit den Matratzen zum Federn und den Topfdeckeln zum Jonglieren liegt morgen nicht mehr da. Für heute ist der Gehweg ein Platz zum Spielen.

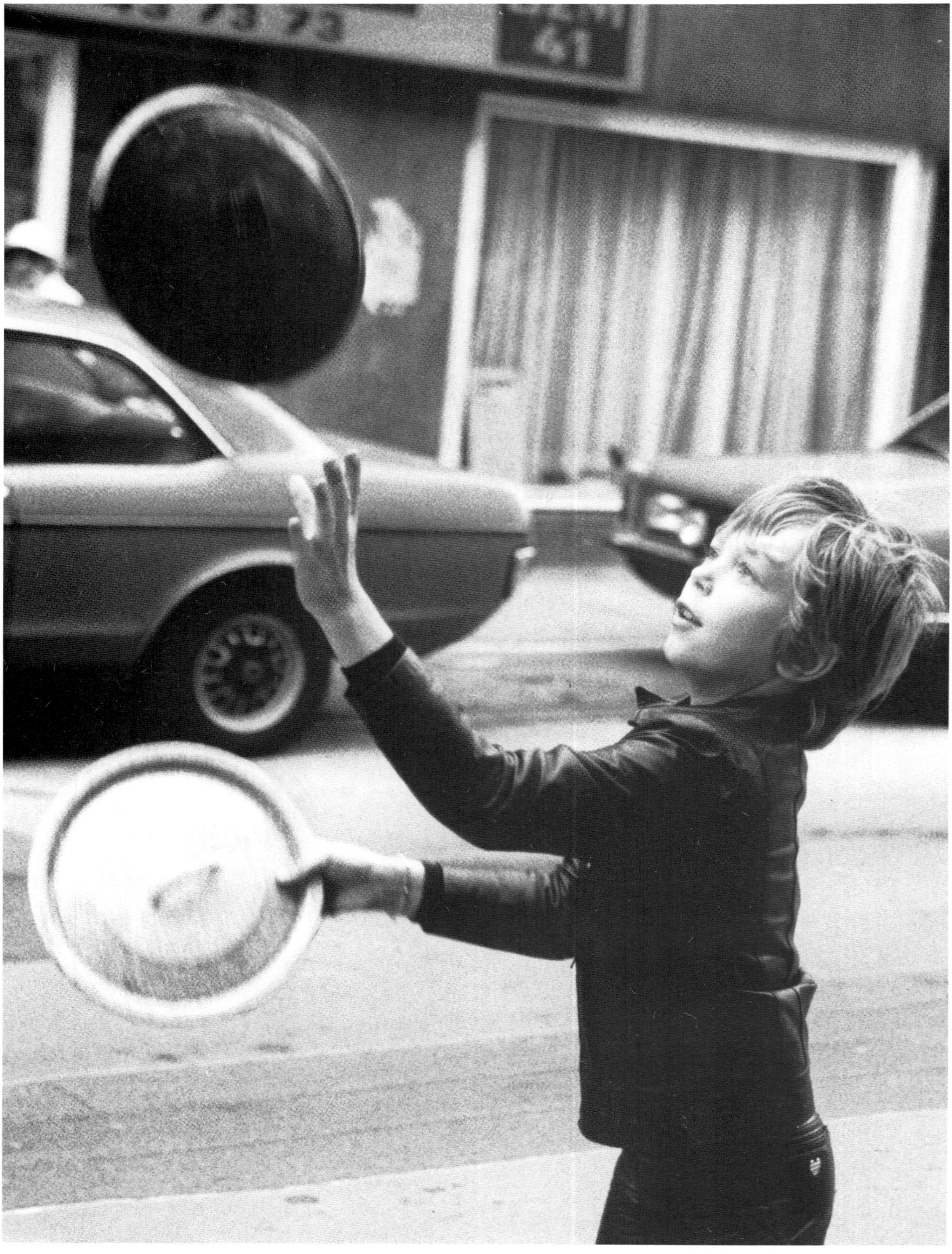

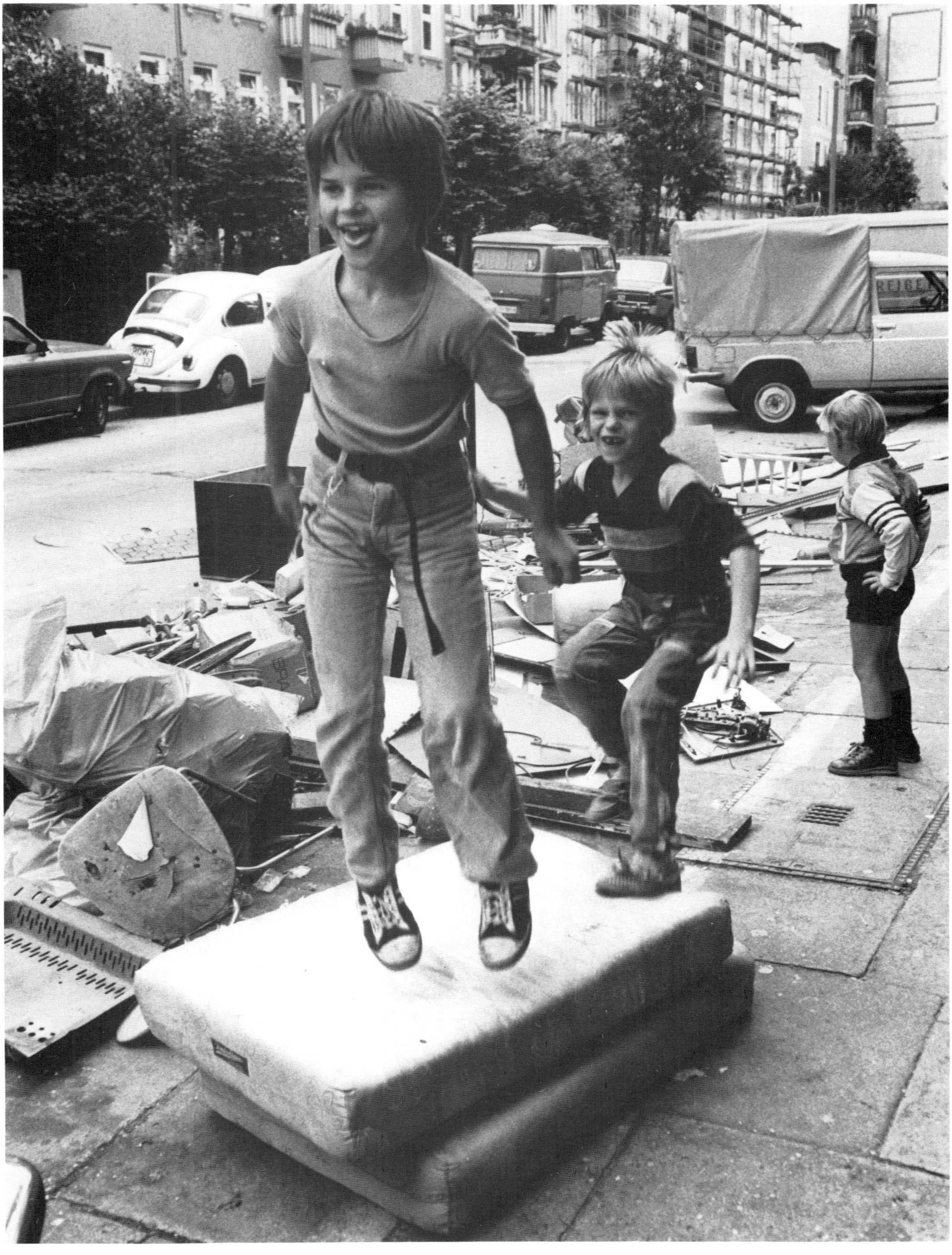

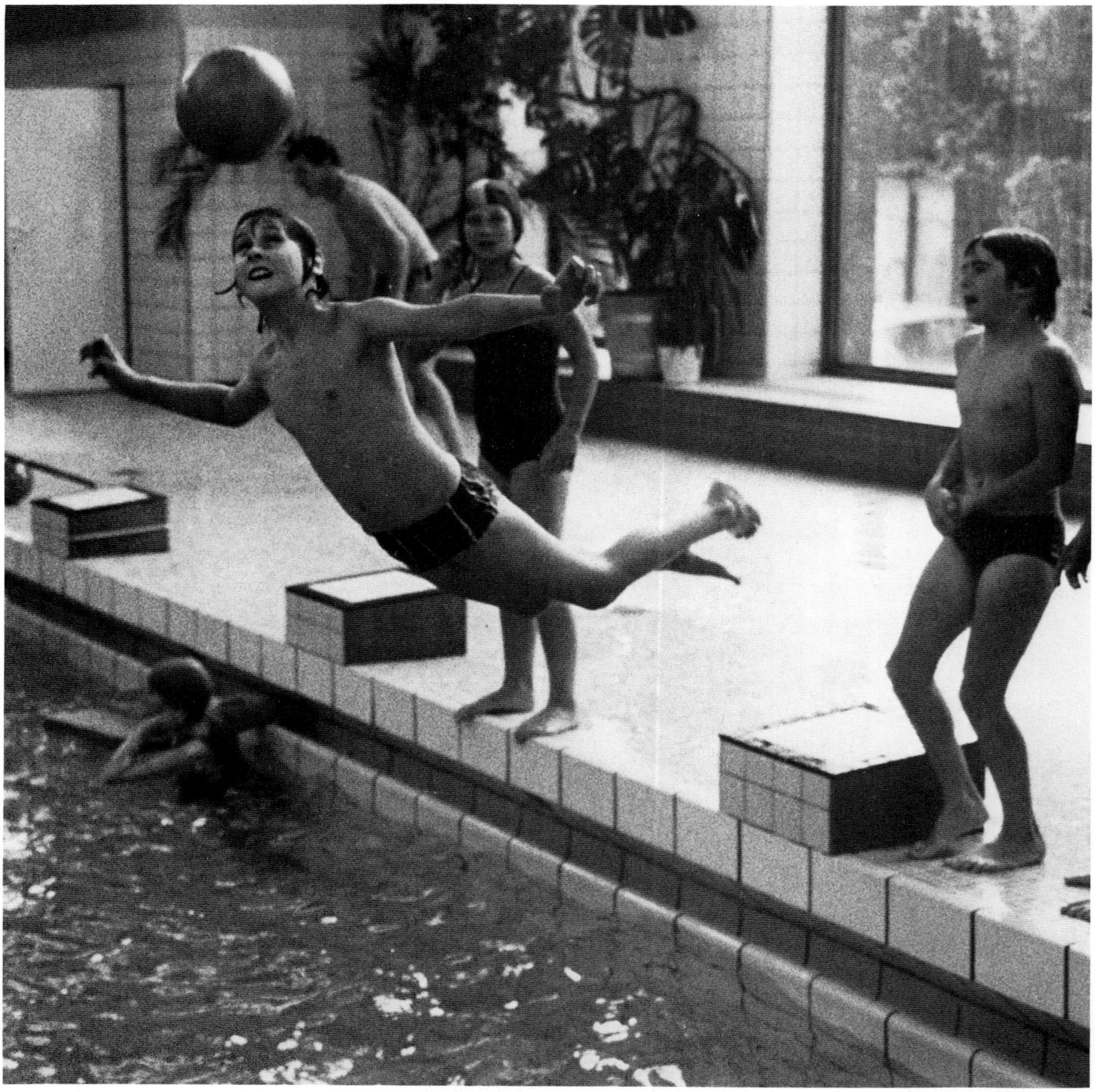

Spielgelegenheiten zu schaffen ist keine Kunst. Was man braucht, sind „Geräte", die herausfordern; ist Vertrauen in die Phantasie der Kinder; ist Geduld beim Abwarten und Zuschauen. Hektik, Zwang und Übereifer sind die Feinde von Gelegenheiten; denn sie verpflichten, statt zu verführen, belehren, statt anzuregen. Gelegenheiten schaffen heißt, Angebote zu machen, die Kinder wahrnehmen können, aber nicht müssen.

Verbotenes

,,Betreten verboten!'', ,,Springen vom Beckenrand verboten!'', ,,Baden verboten!'', ,,Ballspielen verboten!'', ,,Eltern haften für ihre Kinder!'', ,,Steh bei rot und geh bei grün!'' . . . Schilder und Sprüche, die Kinder tagtäglich lesen, die sie noch öfter hören und deren Konsequenzen sie manchmal auch zu spüren bekommen. Das alles sind Verbote, die die Freiheit von Kindern, die ihren Bewegungs- und Spielraum einschränken.

Überall Gebote und Verbote, Regeln, nach denen man sich zu verhalten hat. Die Regeln machen die Erwachsenen für sich und — manchmal gleich, manchmal unterschiedlich — für die Kinder. Verbieten bedeutet anpassen an die Regeln der Erwachsenen. Diese haben ihre Arbeitswelt, ihre Freizeitwelt, ihre Wohnungswelt, ihre Sportwelt, ihre Verkehrswelt . . . und dort wird entweder nur gearbeitet oder gefreizeitet, gesportelt, verkehrt . . . Verkehrt sind hier nur die Kinder, denn die arbeiten noch nicht; die haben keine — oder immer — Freizeit; die wollen keine Wohnung, sondern eine Höhle; die wollen nicht Sport, sondern Spielen.

Alles hat seine — und meist nur eine — Funktion bei den Erwachsenen. Funktioniert etwas nicht wie ge-

plant, wird es oft verboten. Kinder funktionieren selten im Sinne von Erwachsenen, zumal sie gar keine Funktion haben — außer groß und erwachsen zu werden. Um dies zu werden, müssen sie etwas tun, nämlich Ge- und Verbote der Erwachsenen lernen; in der Familie, im Kindergarten oder in der Schule. Das ist sinnvoll, denn später muß man ja irgendwie zurechtkommen; doch sind alle Verbote sinnvoll?
Sinnvoll ist es sicherlich, Kinder vor der Gefahr für Leib und Leben zu bewahren. Doch wo beginnt die Gefährdung? Beim Doktorspielen oder beim Spiel hinter geparkten Autos? Wie weit kann man Kinder selbst damit umgehen lassen?
Kinderspiel gefährdet auch Sachen: Kleidung, Fensterscheiben, Zierrasen ... können beschädigt werden. Aber sind Sachen so wichtig? — Und Kinderspiel belästigt, ist für Erwachsene eine Last, vor der sie sich zu schützen versuchen. Immer zu Recht und mit angemessenen Mitteln?
Was Kinder tun, gefährdet sie oft selbst, doch sie scheinen keine Angst zu haben — allenfalls vor dem Erwischtwerden. Die Leiter, die schwarz-weißen Streifen, das schnelle Fortbewegungsmittel — Gelegenheiten und eigene Neugier, Verspieltheit lassen sie die Verbote der Erwachsenen mißachten. Was droht ist der Absturz, der Straßenverkehr. Risiken für Kinder — sinnvolle Verbote also —; denn ihr Spiel gehört dort, ins Büroviertel, auf die Autostraße, nicht hin.

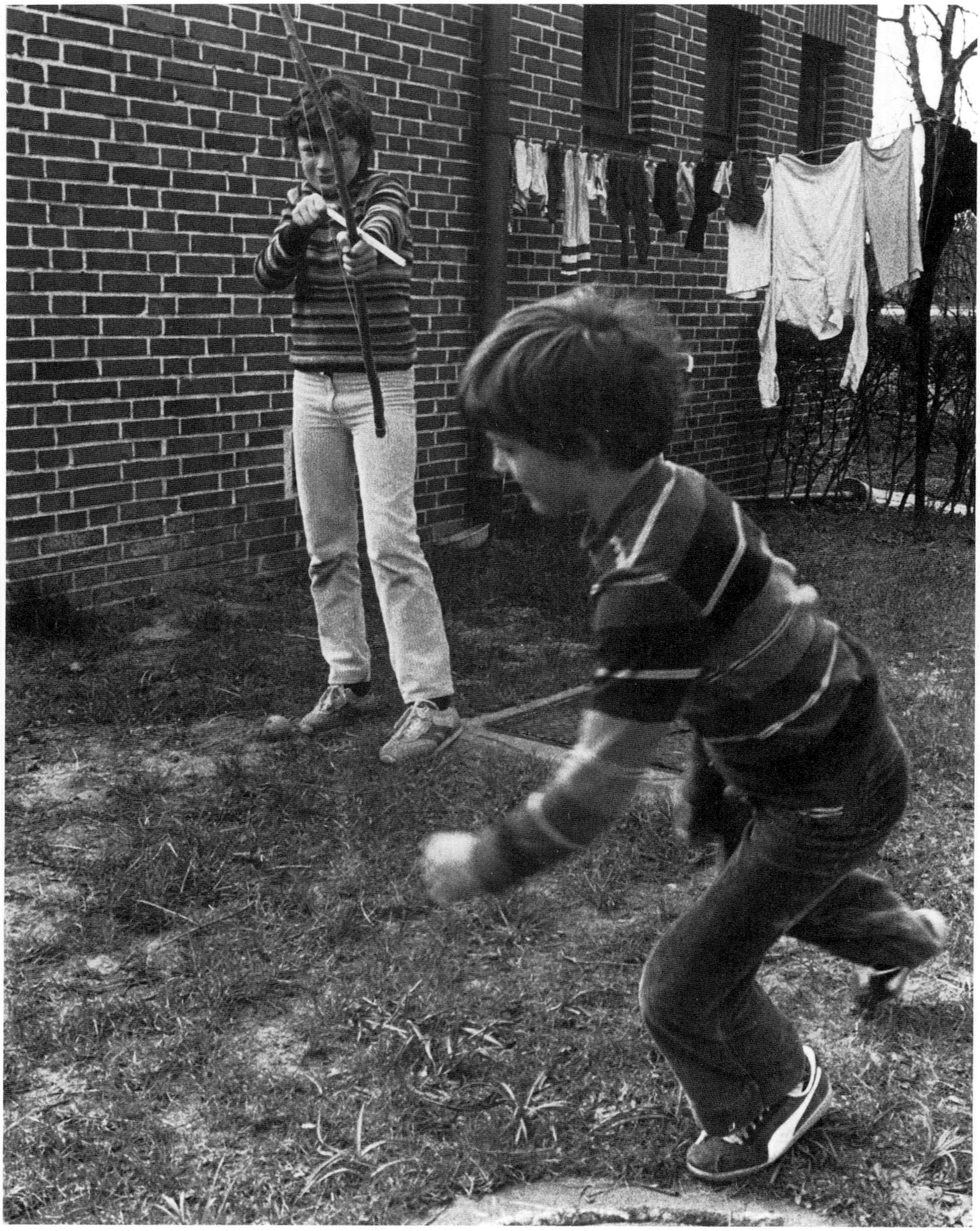

Oft sind auch andere gefährdet. Der Pfeil könnte ins Auge gehen, da muß man eingreifen. Doch soll deshalb das Indianerspiel mit der selbstgebastelten Waffe verboten sein? Könnte Einsicht durch ein Gespräch Vorsicht schaffen? Und was droht beim Radfahren im Park? Oder beim Sockenlauf? Höchstens Hautabschürfungen, höchstens zerrissene Strümpfe oder das Schimpfen der Eltern.
Das Verbot also differenzieren?

„Messer, Gabel, Scher und Licht, sind für kleine Kinder nicht!" — auch Dächer, Feuer, Wasser? Aufregend und spannend sind schwindelnde Höhe, Hitze und Licht. Das Wasser und das Schiffchen im Wasser locken. Reizvoll ist das Risiko, doch den Kindern auf dem Dach, konzentriert und vorsichtig, voll bewußt. Weniger bewußt vielleicht den zündelnden Jungen; doch sie können lernen, mit Feuer umzugehen — an einer Feuerstelle.
Und warum sollen die Hosen nicht naß werden, wenn das Wetter schön und der Teich flach ist? — Wenn er wirklich flach ist.

95

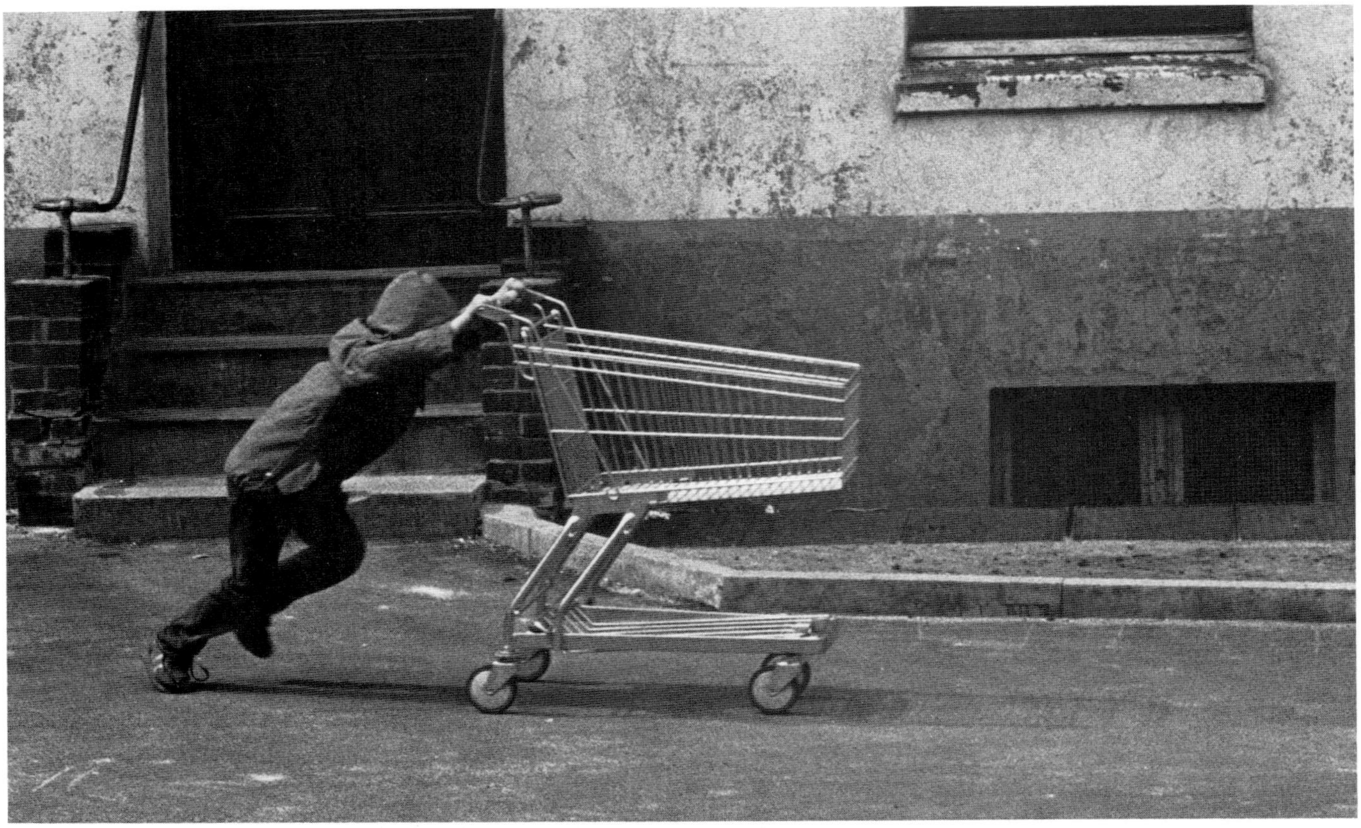

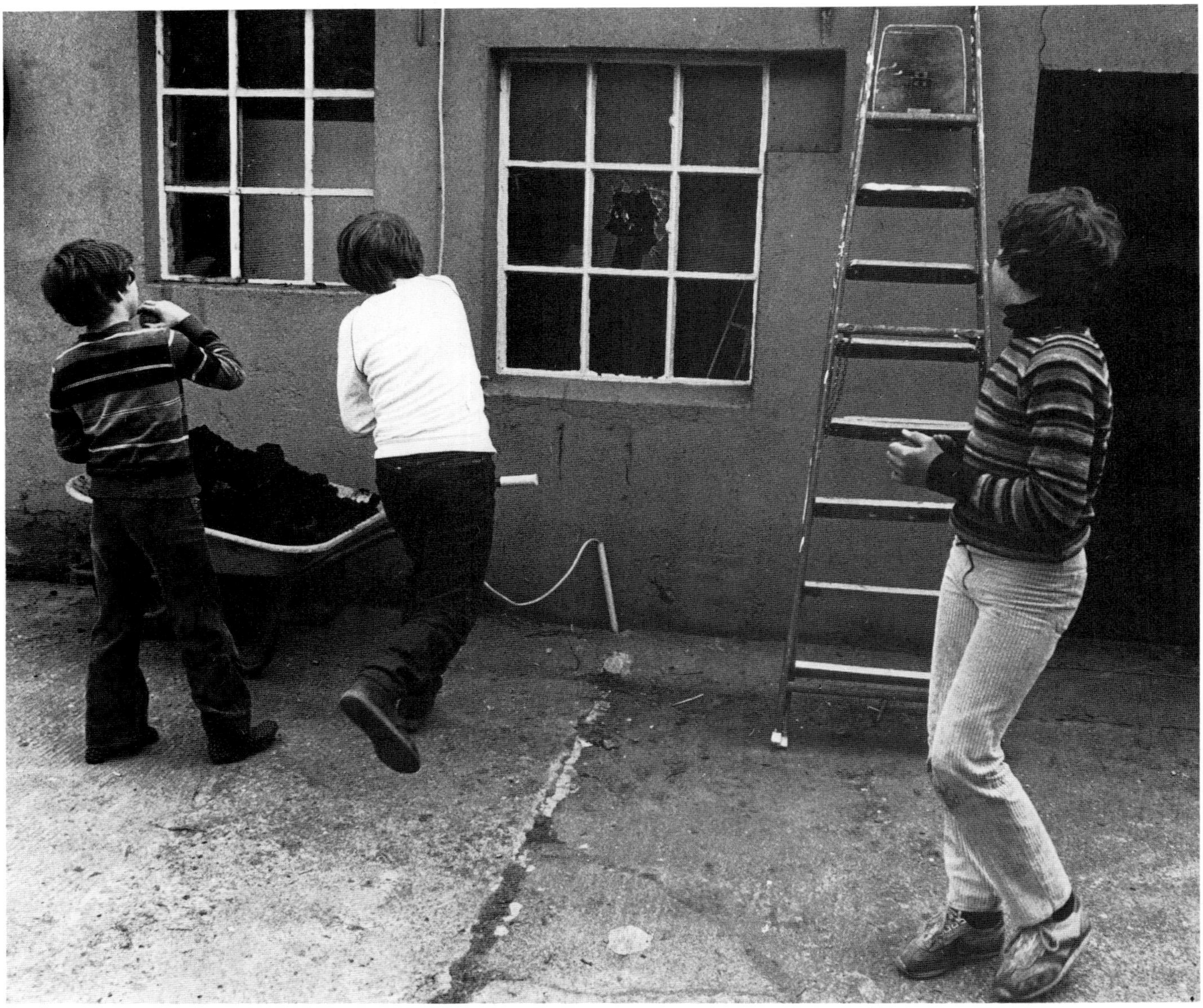

> **BALLSPIELEN UND LÄRMEN IM HOF VERBOTEN**
> DER EIGENTÜMER

Ein Einkaufswagen gehört ins Geschäft, und Wurfgeschosse gehören nicht in Fensternähe; denn der Wagen fehlt im Geschäft oder geht kaputt ebenso wie die klirrenden Scheiben. Keine großen Sachwerte zwar, aber Werte immerhin. – Wertigkeiten: Rennfahrer – ein Rausch von Geschwindigkeit; Scheibenklirren – ein toller Effekt! Kinderbedürfnisse kontra Erwachsenenfunktionen und auch Erwachsenenarbeit und -mühe. Manchmal wiegt ein Kindererlebnis die Erwachsenenmühe auf: Zerrissene Strümpfe sind sicherlich zu verkraften; wohl schwerlich aber wiegt der Sensationseffekt für die Jungen die Kosten und den Aufwand für die Glasreparatur auf.

In der Schule und besonders in der Sporthalle wimmelt es von Verboten: Verboten ist es, im Geräteraum zu spielen, auf dem Mattenwagen herumzutoben, ohne den Lehrer und gar in Straßenschuhen die Turnhalle zu betreten, ohne Sicherheitsvorkehrungen und während des Geräteaufbaus an den Geräten zu turnen oder zu klettern ...
Doch muß all dies wirklich verboten sein?

Muß Schule so steril und übersicher sein, muß immer alles unter Kontrolle sein, müssen Gesetze und Erlasse so sein, daß jeder Lehrer seine Scheu vor dem Risiko oder auch Engagement hinter einem Paragraphen verstecken kann? Welcher Lehrer handelt verantwortlicher? Wer Kinder nichts frei tun läßt, wer sie nur unter Aufsicht oder wer sie auch mal etwas unter Risiko tun läßt? Vielleicht könnten Kinder auch in der Schule lernen, mit Gefahren umzugehen.

„Ballspielen und Lärmen im Hof verboten. Der Eigentümer" – Kinderlärm und Kinderspiel kontra Eigentum? Doch Kinder spielen gerade gern im Hinterhof, und Spiel macht Lärm.
Spielen und Lärmen zu verbieten bedeutet, Kinder zu verbieten. Darf ein Eigentümer Kinder ihrer Bewegung enteignen? Daß er es versucht, zeigt dieses Schild. Gefährdet ist hier der ungestörte Mittagsschlaf, allenfalls eine Fensterscheibe. – Unwesentliche oder gewichtige Errungenschaften der Erwachsenenwelt? Sinnlose Verbote aus der Perspektive der Kinder, die die eingeteilte Erwachsenenwelt und ihre Grenzen nicht verstehen. Sie leben mit allem in allem. Noch sinnvolle Verbote aus Erwachsenenperspektive? – Denn haben Erwachsene ohne Kinder noch Sinn und Perspektive?

Verstecken

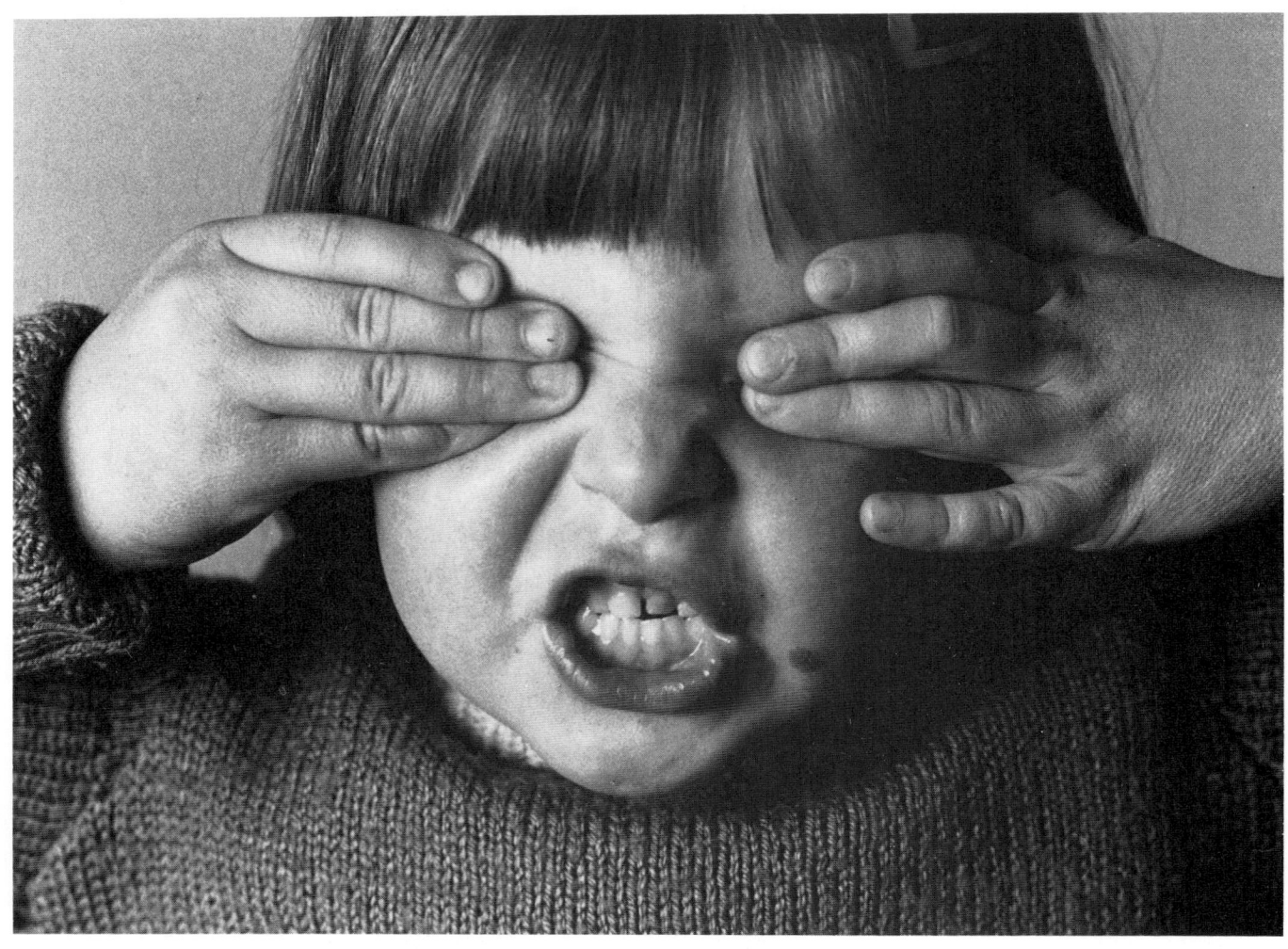

Verstecken – nicht mehr da sein und doch nicht weg sein. Nicht mehr sehen, nur noch spüren. Hören, ohne gesehen zu werden. Rennen, verbergen, den Atem anhalten. Sich nicht bewegen, keinen Laut von sich geben.

Die Augen zuhalten und so andere vor sich, vor den eigenen Blicken verbergen. Nur den Augen vertrauen. Was sie nicht sehen, existiert auch nicht. Es fällt Kindern schwer, verborgen und ruhig zu bleiben, so daß der Suchende nichts sieht und auch nichts hört: kein Schnaufen, Prusten oder Kichern. Aber bevor man entdeckt wird, zeigt man sich lieber selbst. Schaut her, das bin ich, das kann ich!

Sich selbst, den eigenen Körper, vor fremden Blicken verbergen. Selbst an Orten, die nicht dazu einladen. Mit Hilfe von Dingen aus der alltäglichen Umwelt. Mit wenig Aufwand einfache Spiele.

99

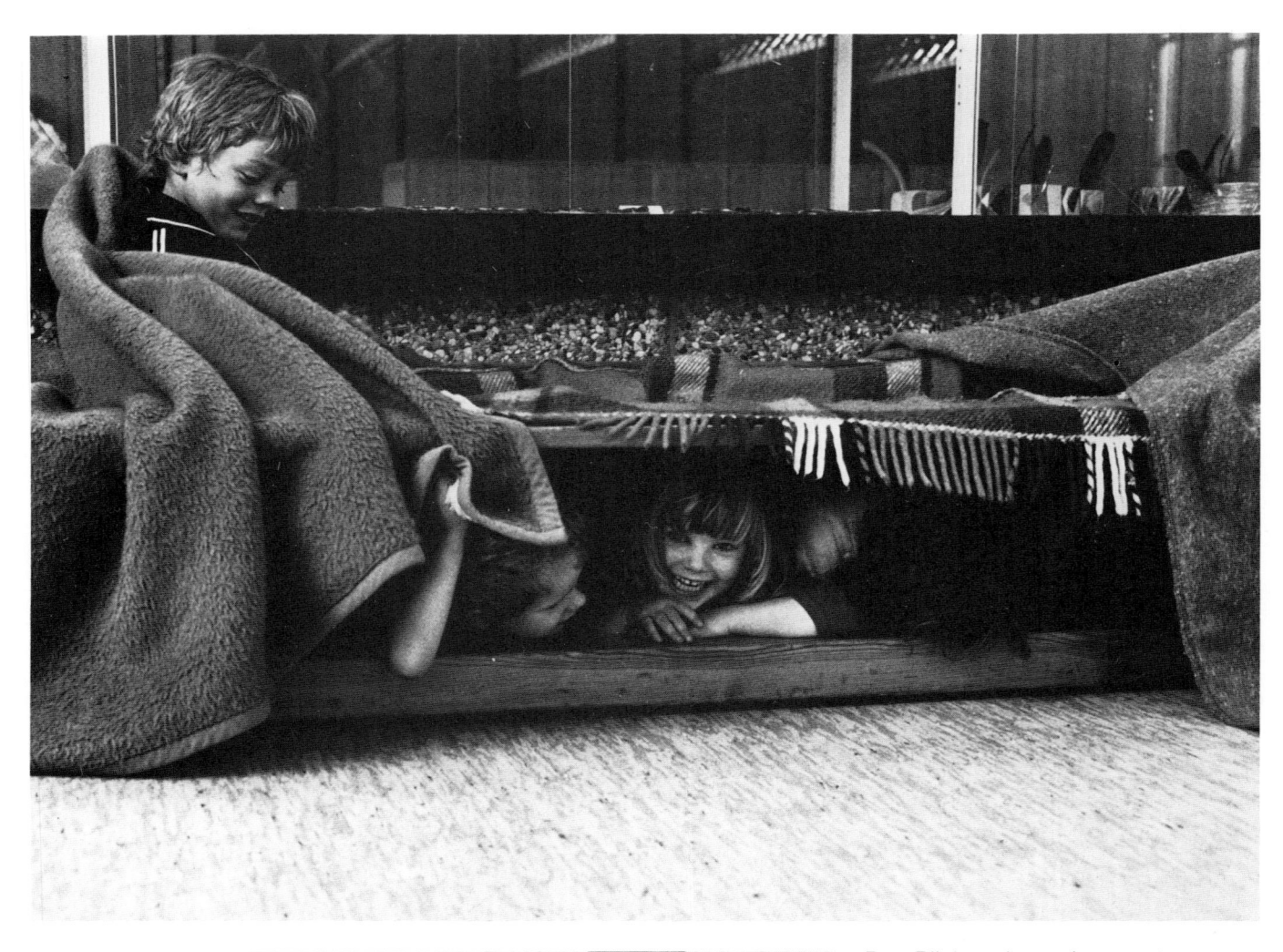

Den Blicken der anderen entzogen, aber die anderen im Blick. Bewegungslos dasitzen, doch im nächsten Augenblick aufspringen. Verstecke finden, Höhlen bauen, wo immer es geht. Bänke, Decken, Schläuche, Kartons — eben noch Baumaterial, wenig später Bewegungsdinge.

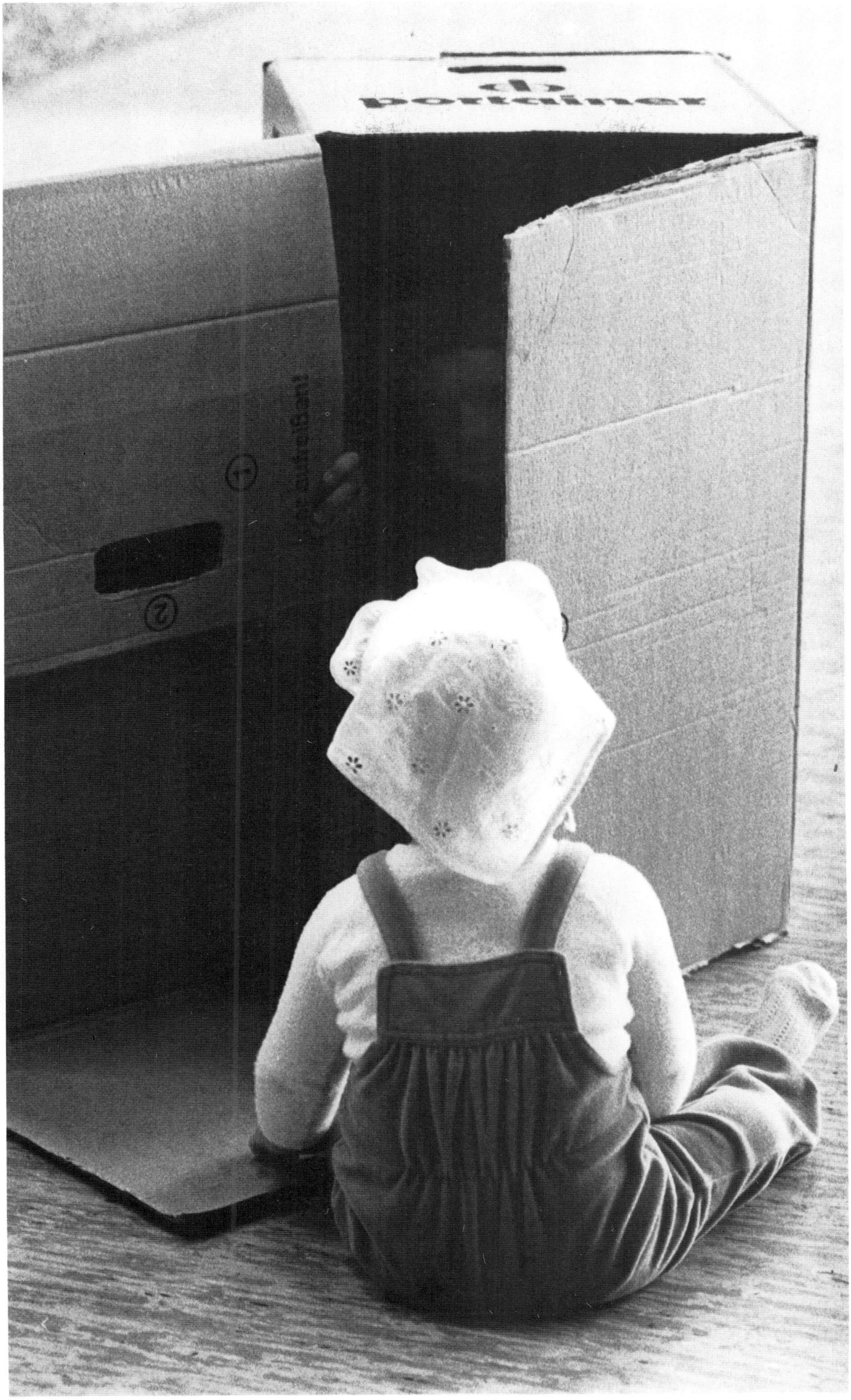
portainer

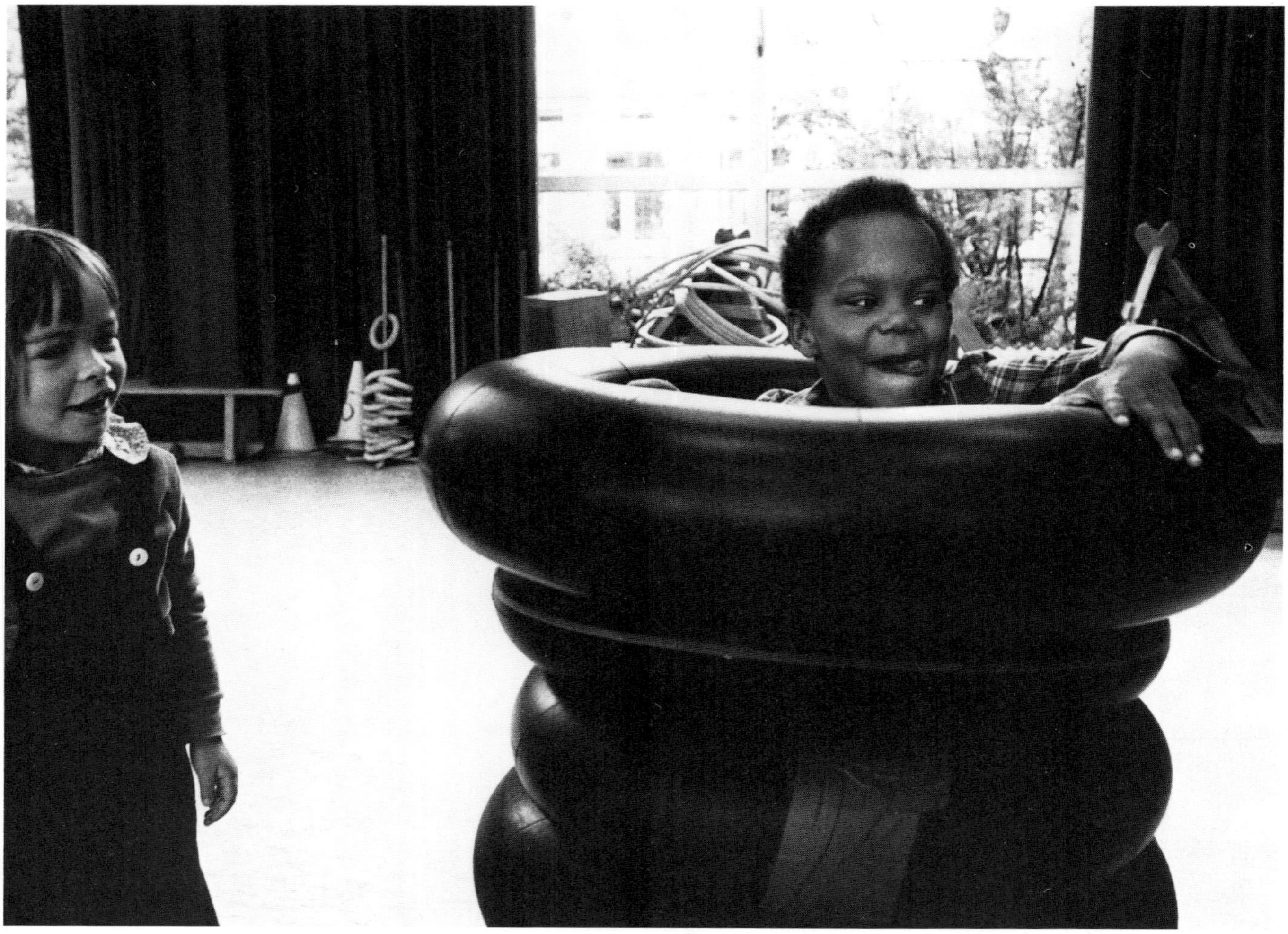

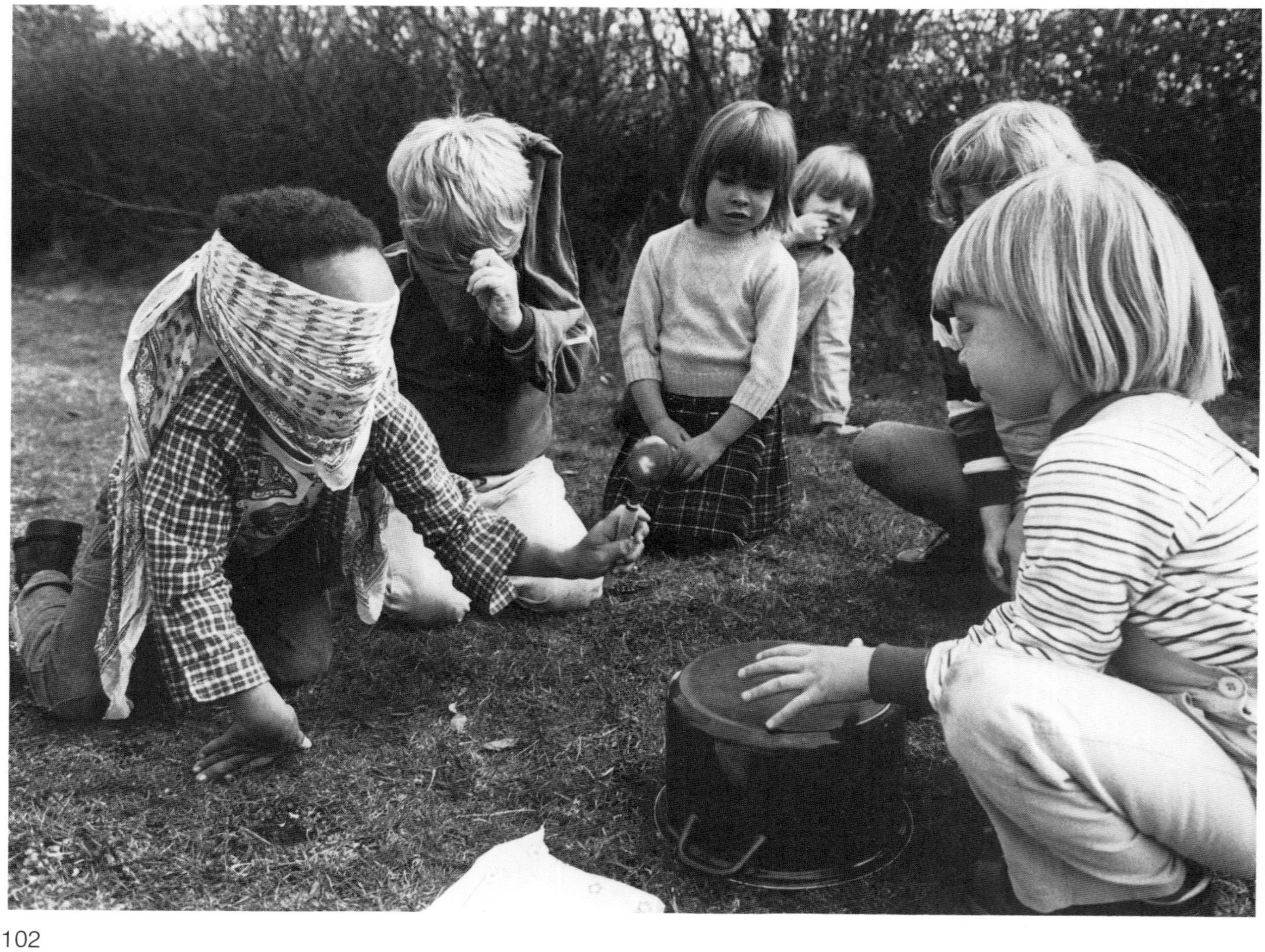

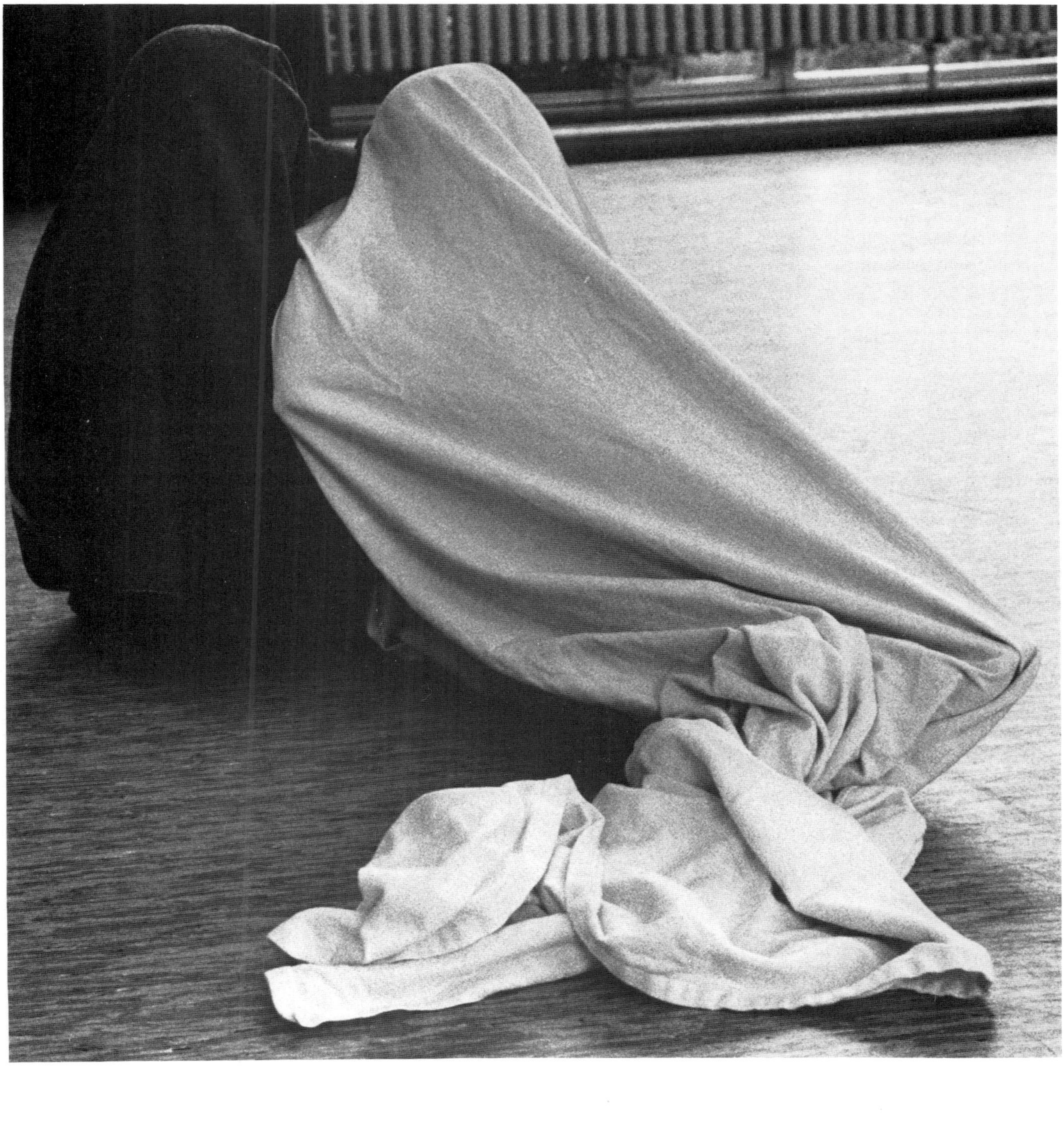

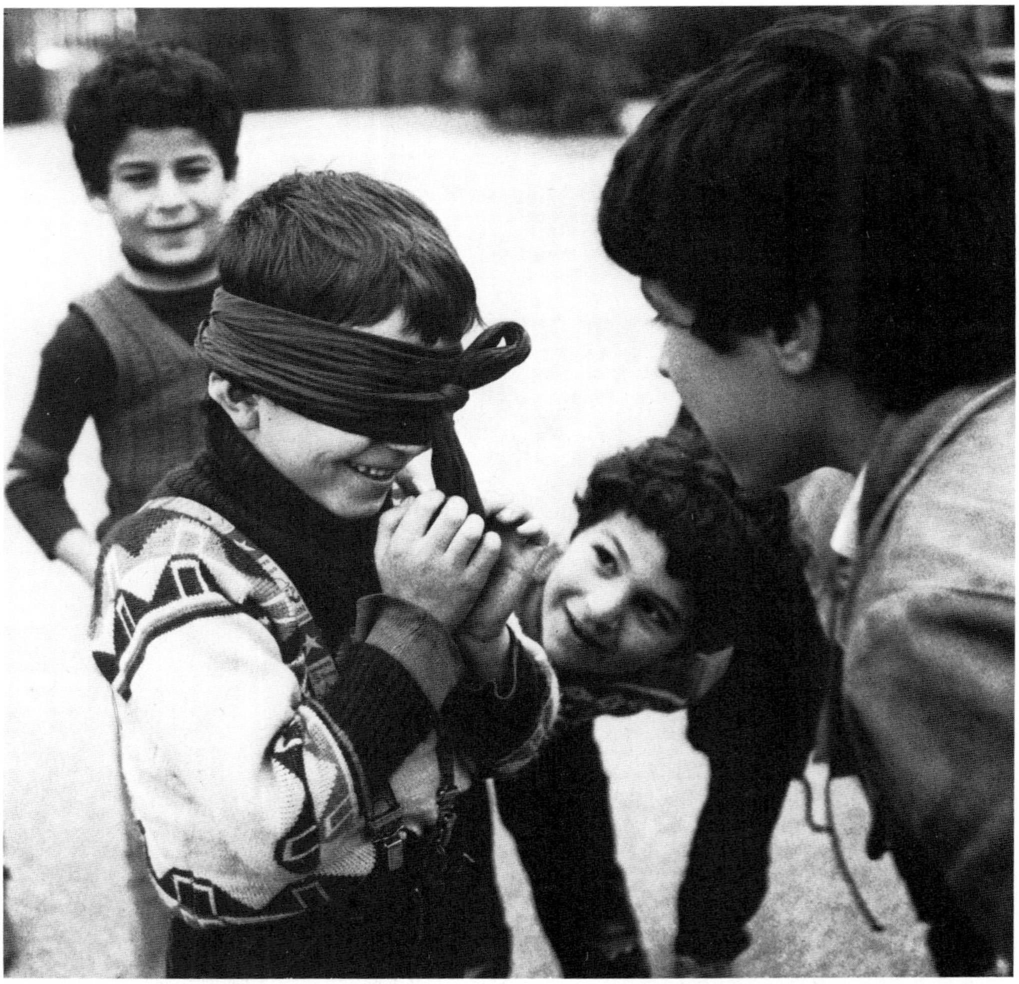

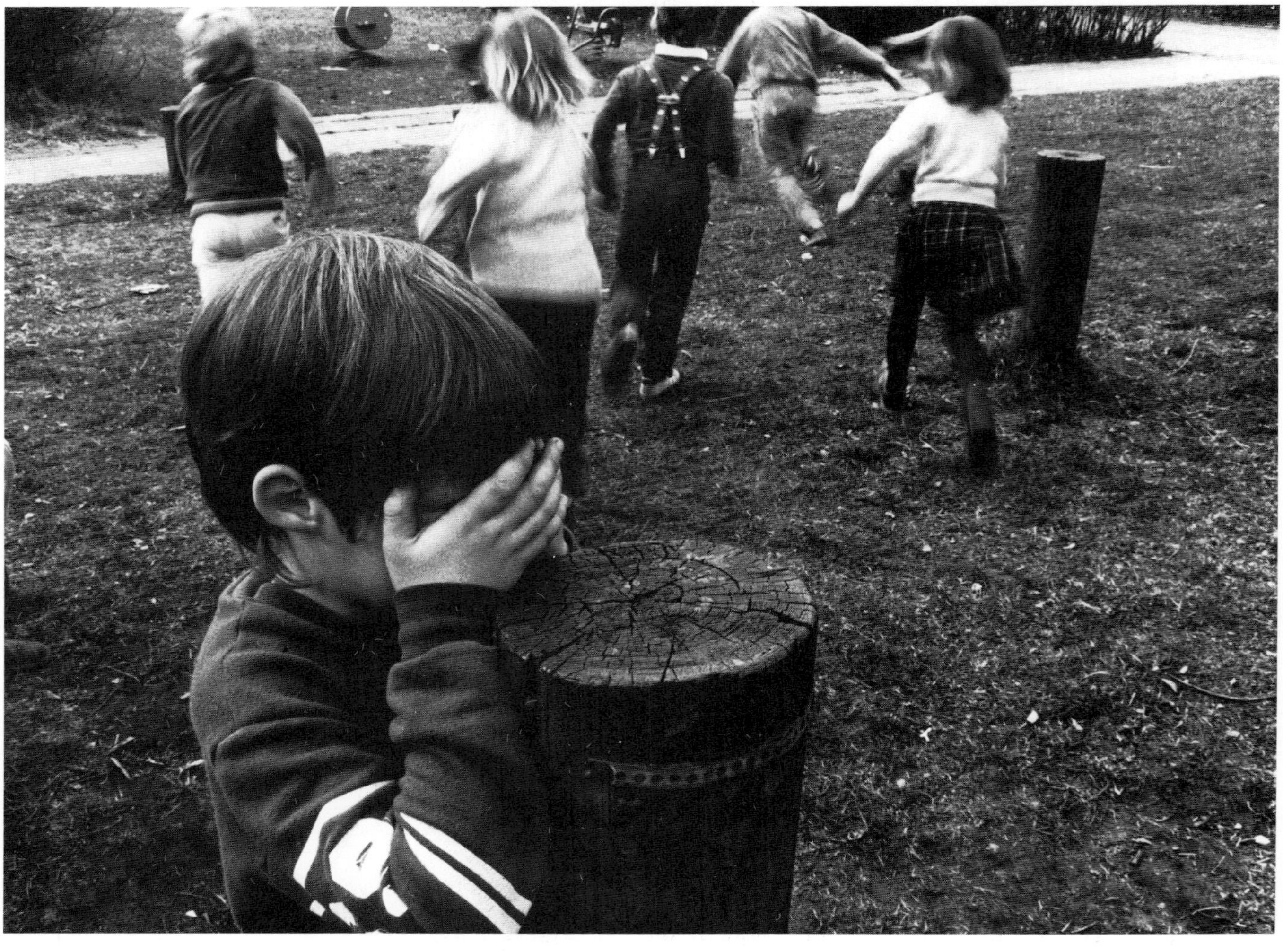

Verstecken hat auch Regeln und Rollen. Was, wie und wo gespielt wird hängt von der Situation, vom Gelände, von den Mitspielern ab. Den Topf muß man „erschlagen". Was wohl darunter ist? Vor einer „blinden Kuh" versteckt man sich nicht; denn man wird ja nicht gesehen. Oder vielleicht doch? Ob das Tuch auch richtig sitzt? Noch zählt der Sucher, doch gleich ist er am Ende. „. . . alles muß versteckt sein. Hinter mir und vor mir gilt nicht. Ich komme!"
Kinder verstecken sich auch, wenn sie keiner sucht. Sie beobachten andere aus sicherem Versteck, schleichen sich an, überfallen sie. Abwechslung auch auf langweiligen Spaziergängen.

Verstecke in der natürlichen Umwelt sind selten geworden. Zu sehr ist diese schon kultiviert. Alles in ihr hat seinen Platz, seinen Zweck, seine Ordnung. Wo gibt es noch jene dunklen, aufregenden Verstecke, von denen Kinder in Büchern, in Filmen und auf Kassetten erfahren? Gibt es noch Kinderbanden mit heimlichen Treffpunkten, eigenen Höhlen und Hauptquartieren? Sollte das alles vorbei und die Erinnerung daran nur Nostalgie sein? Oder sind die Kinder anders geworden? Lustloser, einfallsloser, langweiliger? Reichen ihnen Abenteuer von anderen, ferngesehen, daheim im Wohnzimmer?

Noch haben Baumhütten und Erdlöcher, Bretterbuden und Mauerlücken ihren Reiz und ihre unwiderstehliche Anziehungskraft. Die Neugier besiegt die Bangigkeit, der Besitzerstolz die Mühe. Aber Verbote und der Mangel an Gelegenheiten lassen solche Kinderwünsche verkümmern.

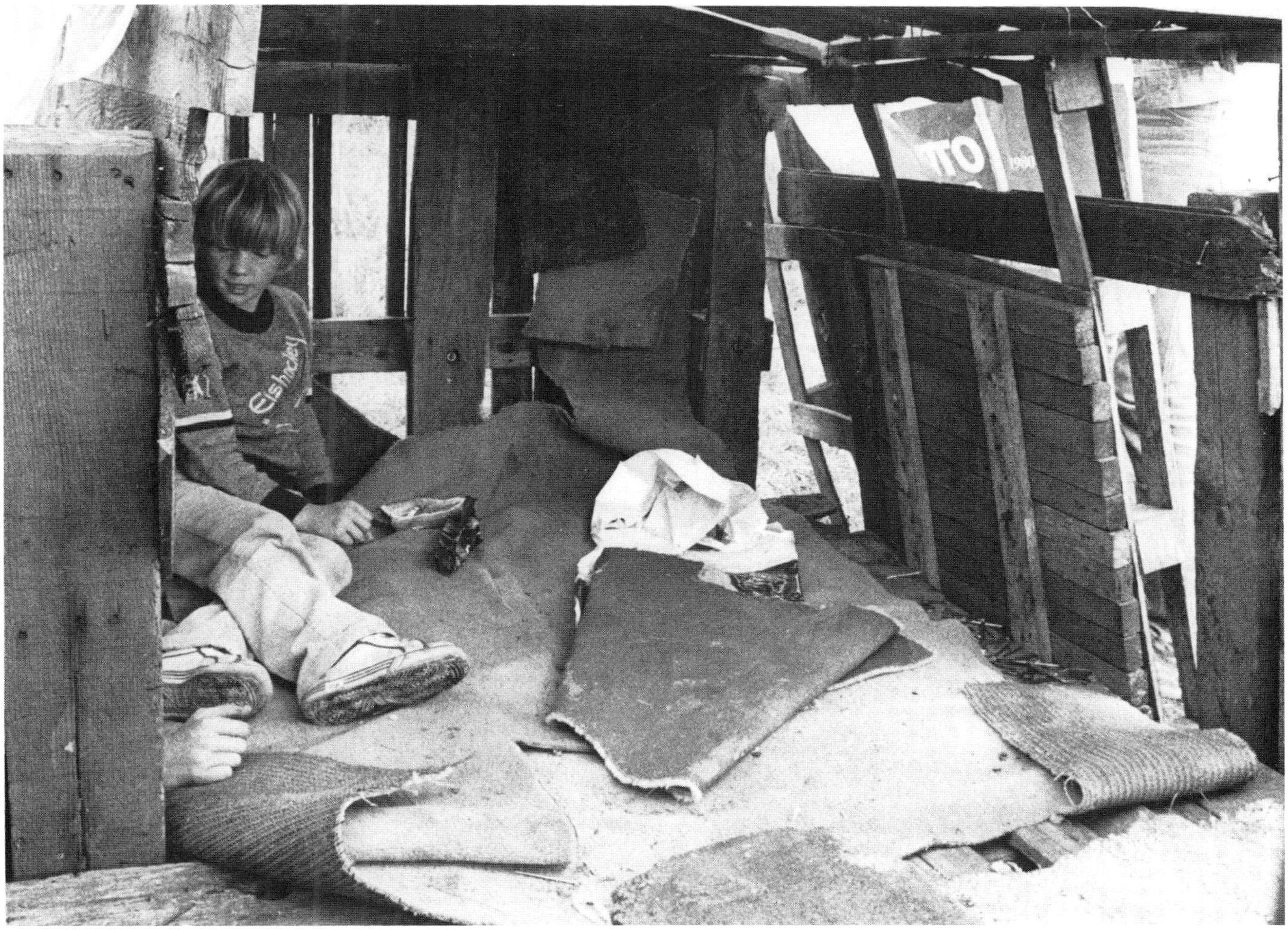

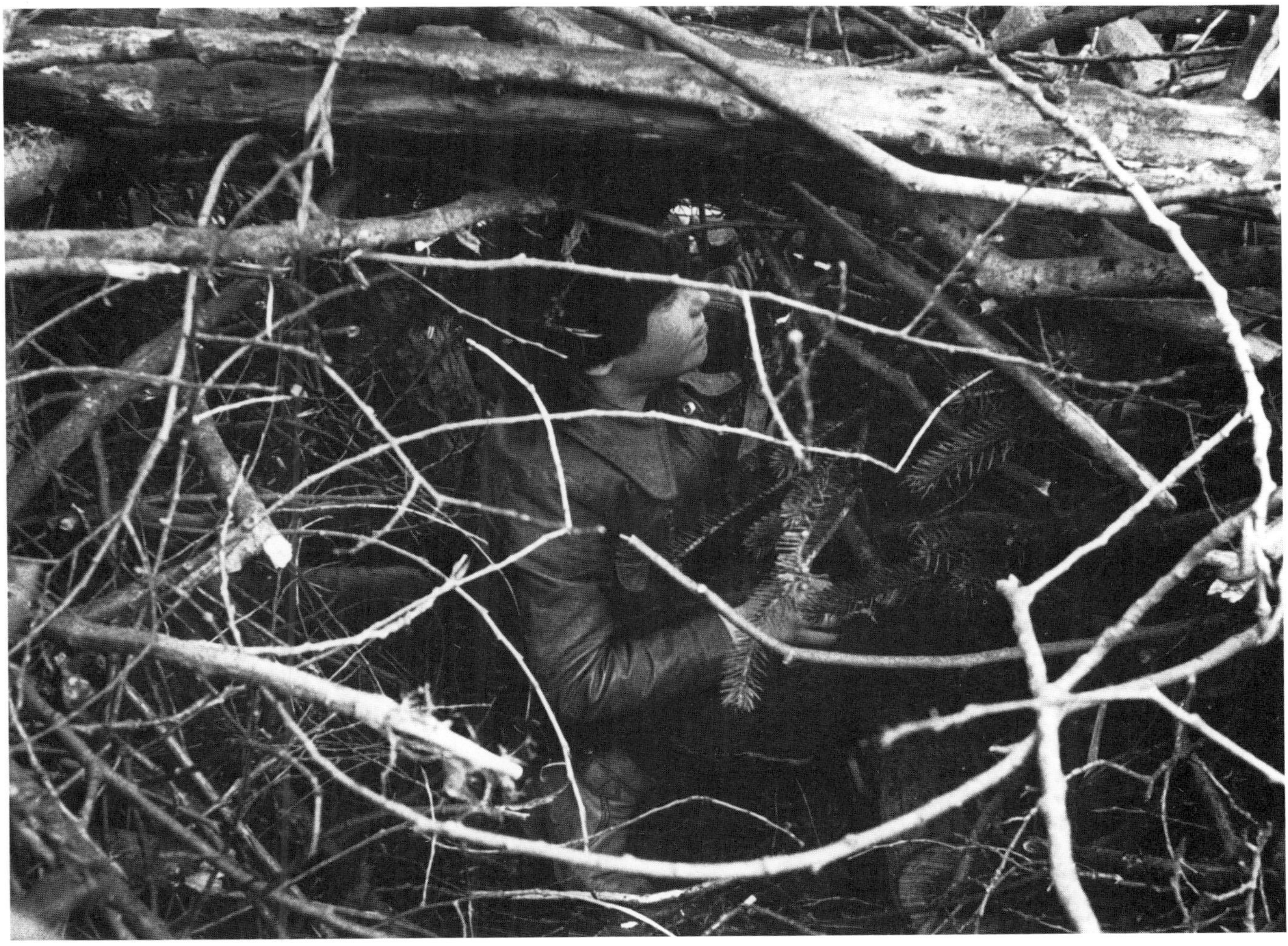

Darstellen

Sich oder etwas darstellen möchte jeder. Wer „nichts" darstellt, hat es schwerer; wer gut darstellt, hat es im Leben leichter; er „kommt an", als Person oder mit dem, was er anderen mitteilen will.

Um darzustellen brauchen Erwachsene und Kinder ihre Bühne; die einen am Arbeitsplatz, aber auch im Theater, die anderen auf der Straße, auf dem Spielplatz, im Kindergarten oder in der Schule. Publikum für Kinder sind die Spielkameraden, Mitschüler, Erwachsene, Eltern, Lehrer.

Diesen wollen sie etwas zeigen; manchmal auch nur sich selbst – oder sich selbst ganz anders als sonst. Ob Schein oder Sein, ein bißchen Spiel und ein bißchen Ernst ist immer dabei. Ernst; denn man riskiert etwas, gibt sich preis, will den anderen etwas zeigen und gleichzeitig sich selbst finden, wobei man nie genau weiß, wie die anderen einen finden. Darstellen ist aber auch Spiel, weil in der Scheinwelt keine realen Konsequenzen eintreten, weil das Feuerwehr spielende Kind nicht wirklich das Feuer löschen muß.

Was, wie und warum Kinder darstellen, sollten sie selbst, sollten aber auch Erwachsene wissen.
Kinder spielen Erwachsene: Mutter, Vater, Lokomotivführer, Polizist, Soldat . . . Erwachsene, die in ihrer eigenen Umgebung vorkommen und Eindruck machen oder die sie im Fernsehen, im Kino oder in der Zeitung sehen. Darstellen ist hier Alltägliches nachspielen und vorspielen. – Vorspiel einer möglichen Zukunft? Was stellt etwa der kleine Gießkannenmann dar? Autowäscher oder Tankwart? Oder wäscht er nur sein Dreirad? Oder spielt er nur einfach für sich, ganz ohne Absicht und ohne Vorbild? Kinderwelt und dargestellte Erwachsenenwelt vermischen sich.

Doch nicht nur Alltägliches, gerade was im Alltag kaum vorkommt, ist aufregend: Zirkus, Raubüberfall, Fußball als Showgeschäft – Themen der „Bild"-Zeitungswelt der Erwachsenen und Bilder für die Darstellungswelt der Kinder. Das passiv Fern-Gesehene wird aktiv hautnah: Die Boxauslage der Straßenjungen könnte von Muhamed Ali, das Abdrehen im Tortriumph von Rummenigge abgeschaut sein. Im Moment der Darstellung ist man der Star selbst.

Ob gut oder schlecht, wichtig ist es, der Überlegene zu sein. Auf wen wohl schießt der Junge im Sprungkasten? Auf Indianer, auf Mitschüler oder gar den Lehrer?
Neben das gerade noch Mögliche tritt das Unmögliche, die Scheinwelt des Wilden Westens, Supermann, Frankenstein, Prinzessin – den Erwachsenen abgeguckt, im Comic oder beim Fernsehen. Zur Kinderwelt werden diese Erwachsenen-

produkte nur dann, wenn die Kinder den Weg vom Fernseher weg hinaus ins Freie oder ins Spielzimmer finden.

Zwischen Alltag und Utopie liegt die Tierwelt; denn Tiere mit menschlichen Eigenschaften, aber unmenschlichen Möglichkeiten sind schlau, wild, komisch, schnell, niedlich oder brutal. Oft helfen sie guten Menschen – Kindern?! – und kämpfen gegen böse Menschen – Erwachsene?! – Sie spielen etwa Zirkus, und dort beherrscht der Mensch das Tier. Spiel nur oder auch ein Spiel mit der Phantasie von Macht?

Ganz wenig brauchen sie nur, um sich hineinzuversetzen: eine abgeschaute Drohgebärde, ein imitiertes Maschinengewehr, eine Gießkanne, eine Löwenmähne oder ein Original-Fußballtrikot. Und sie brauchen Erwachsene, die ihnen hierfür Raum und Zeit geben.

Gesicht, Arme, Beine zeigen den anderen, was ich darstellen will. Manchmal reicht da ein Augenzwinkern, manchmal brauche ich meinen ganzen Körper dazu. Kinder machen das noch spontan und unbefangen mit ihrem Körper, was Erwachsene oft schon verloren haben.

Vier Finger auf der Haut und eine herausgestreckte Zunge. Schon wird aus einem netten Kindergesicht eine häßliche Fratze.

Nur einen Partner, der gut mitspielt, etwas Erinnerungsvermögen und Bewegungsphantasie braucht der Zahnarzt, um bei seinen Zuschauern schmerzhafte Behandlungsstunden wachzurufen. Das ist gar nicht so einfach ohne Hilfsmittel.

113

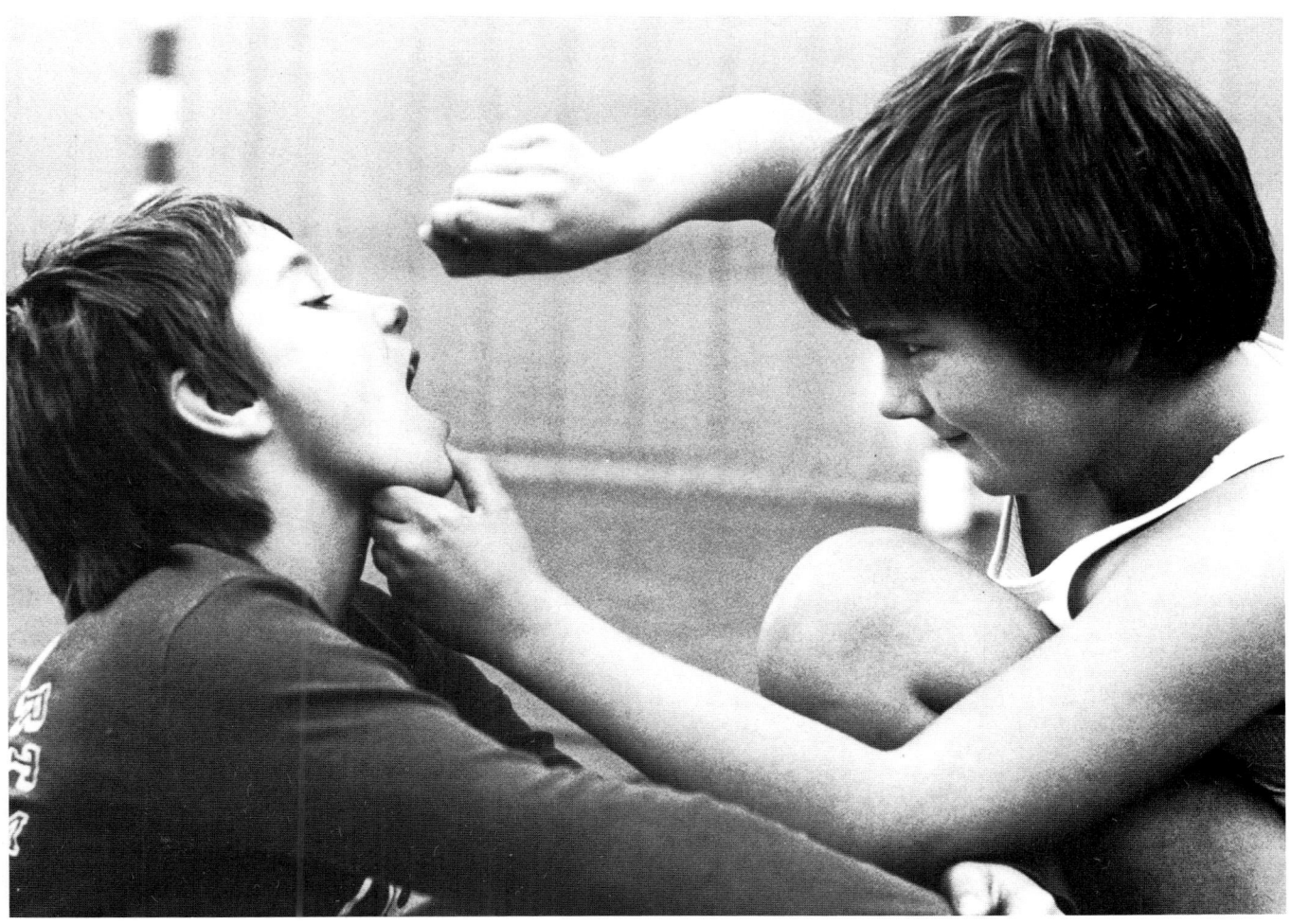

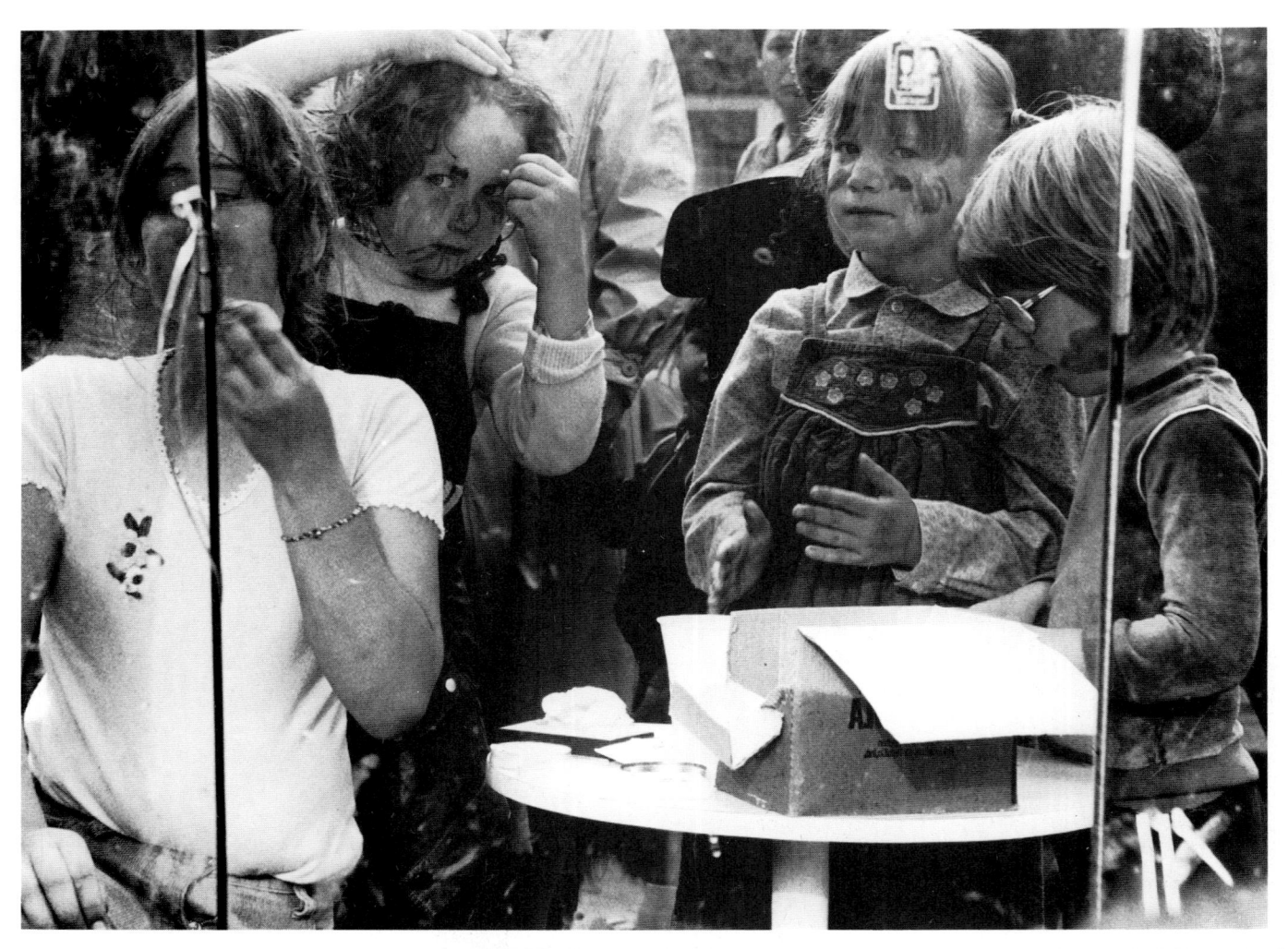

Ob eine Rolle ängstlich oder sicher, gekonnt oder ungeschickt gespielt wird, hängt dabei vor allem ab vom vorhergehenden Erfolg, von der Selbstsicherheit, von der Vertrautheit mit dem Dargestellten, aber auch davon, wie festgelegt eine Rolle ist oder wie viele und welche Zuschauer dabei sind. Deshalb kann Darstellen auch mißlingen. Ein Verkleiden, ein Verhüllen des eigenen Körpers verringert da das Risiko und hilft über Unsicherheit und Scheu hinweg. Auch hilft es, sich in die Rolle hineinzuversetzen. Aus einer Decke wird so ein Schleier, und der Schleier macht das Mädchen zur Prinzessin. Schön und würdevoll.

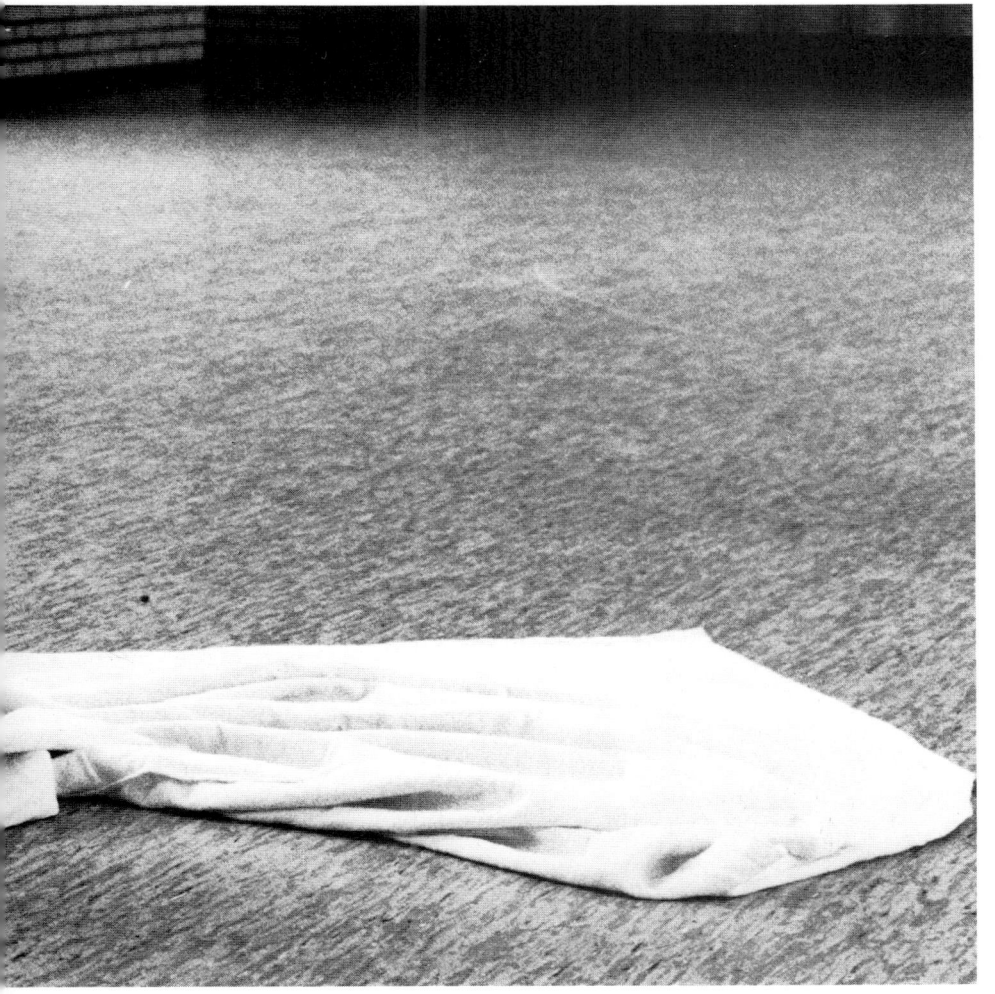

Wer sich schminkt, will Reaktionen provozieren. Ob sie mich noch erkennen, ob sie merken, was ich darstellen will, ob ich mich hinter meinem geschminkten Gesicht verstecken kann, ob ich damit schöner oder häßlicher bin? Und wer ist wohl die Schönste? Der Spiegel im Schrank verrät nicht alles.
Mit schwarzem Gesicht, bunter Kleidung und Schlauchboot ist die Verkleidung fertig und perfekt. Die eigene ,,Kinderstube'', ja der ganze Kindergarten ist noch zu eng; die Reise der Mohren geht weit übers Meer ins ferne Afrika.

Ein vielfaches Risiko gehen die Artisten ein. Sie können herunterfallen, die Schminke kann lächerlich wirken, die Verkleidung versteht keiner. Das Lachen der Zuschauer kann zum Auslachen werden. Das Risiko hat Reiz für die Zuschauer und für die Akteure, und nur wer etwas kann, kann etwas auf's Spiel setzen. Geben wir Kindern oft genug eine Chance hierfür?

Bewegt ist hier alles: die drei Mädchen, ihr Gerät, ihre Kleidung, ihr Herz, die Zuschauer.

Wenn man Kinder danach fragt, warum sie etwas oder sich selbst darstellen, dann werden sie wahrscheinlich mit den Schultern zucken oder sagen „weil's Spaß macht" oder „weil es eine Belohnung gibt". Die beste aller Belohnungen aber ist die Anerkennung der anderen; denn „du hast das gut gemacht" bedeutet „du bist gut". Wem etwas gelingt, der wird sicherer, bekommt Mut für schwierige Rollen, für mehr Zuschauer, für längere Szenen. Erfolg macht auch Spaß, und für sich selbst ist es schon aufregend, anders als normal zu sein, mal doof, ungeschickt, laut, ängstlich sein zu dürfen, mal ganz groß zu sein, mal im Mittelpunkt zu stehen, sich ständig zu verwandeln, selber entscheiden zu dürfen ... Wann und ob Kinder so etwas spielen dürfen, entscheiden oft die Erwachsenen. Zu oft sind sie die Vorspieler, zu selten die Kinder Darsteller.

Clown zu sein, macht sich und anderen Spaß. Als Clown kann ich mich so verhalten, wie ich es im Leben nicht darf: ungeschickt, tolpatschig, vergeßlich, trottelig — und dafür muß ich meine Bewegungen genau beherrschen; denn Situationskomik, Hintergründigkeit und Lächerlichkeit liegen ganz nah beieinander. Nur wenn ich den Ball beherrsche, kann ich so tun als beherrsche er mich.

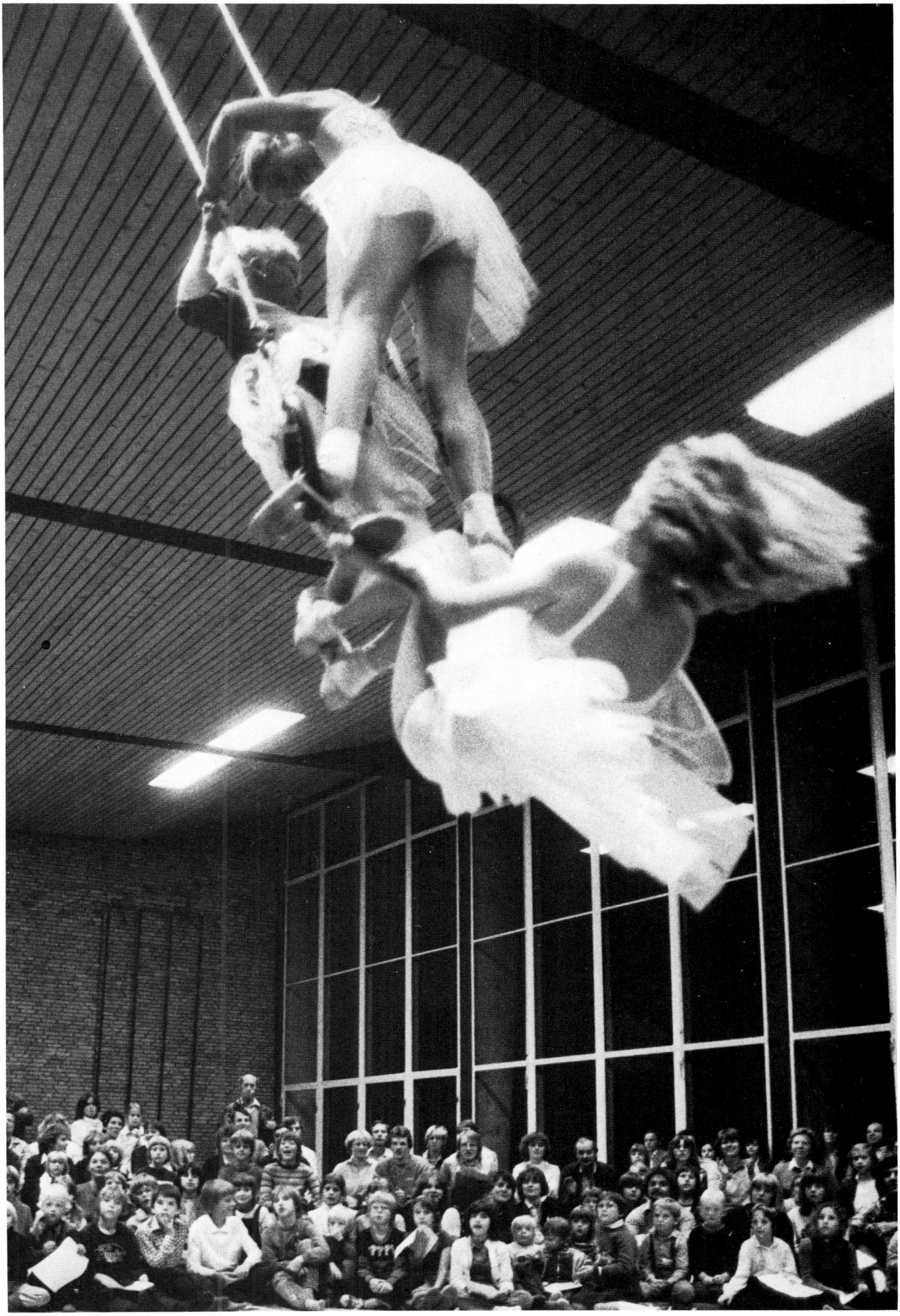

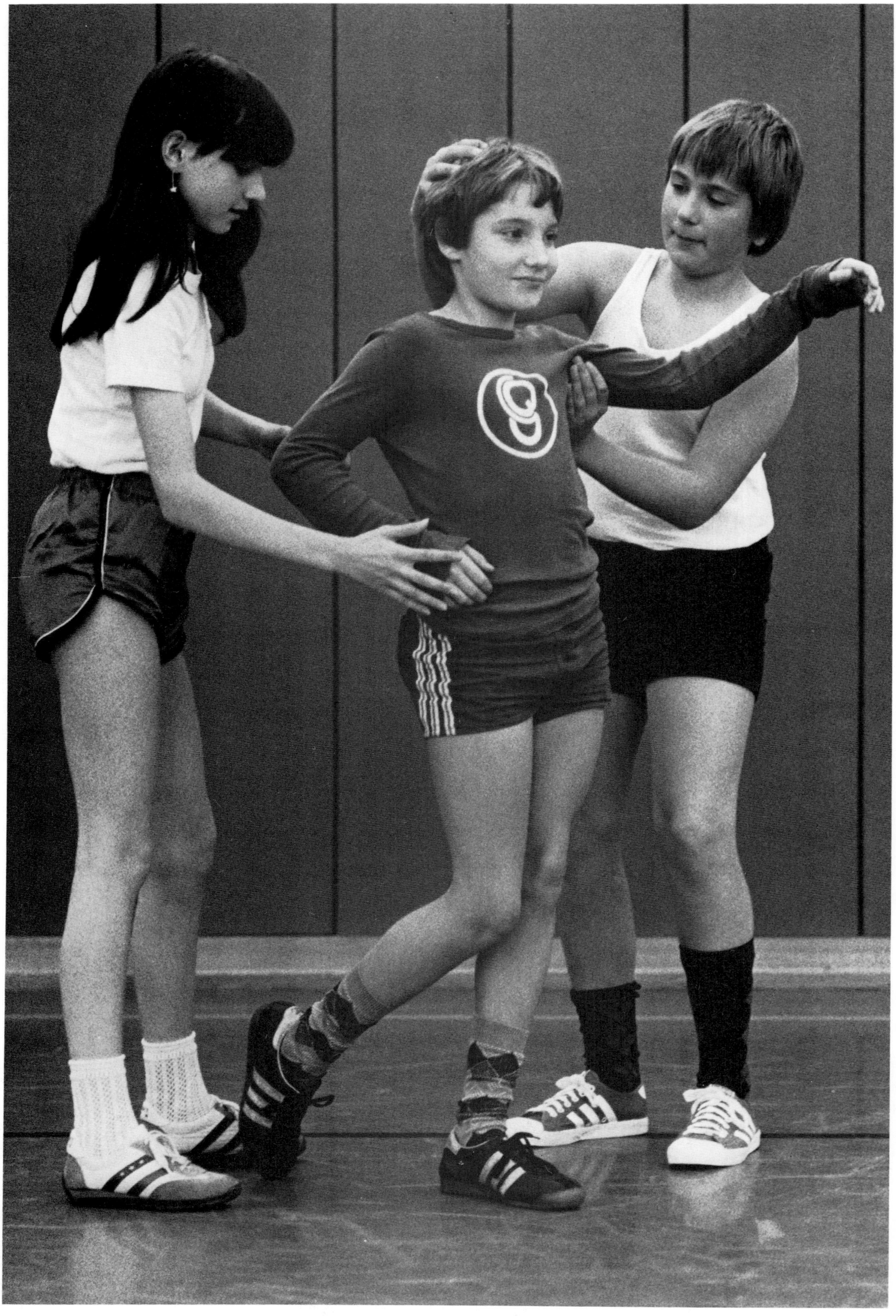

Auch der Strip-tease-Tänzer ist ein Clown. Vielleicht ist's Zufall, daß er diese Rolle spielt, vielleicht spielt er sie auch öfter als Klassenkasper. Indem er den Kasper spielt, spielt er auch ein Stück seiner selbst. So sich darzustellen, daß andere über ihn lachen, gehört zu ihm.
Man hat weniger Angst davor, daß andere über einen lachen, wenn man zu zweit, zu dritt ... gemeinsam etwas tut. Auch ist es sicherer, wenig zu tun, sich weniger zu bewegen; denn wer sich viel bewegt, kann auch oft anecken, stellt sich eher bloß. Darstellen zu lernen, fängt man an in einfachen Rollen oder als Denkmal. Ein Denkmal zu bauen, erfordert Phantasie, doch ist es zunächst leichter, mit dem Körper des anderen als mit dem eigenen umzugehen.
Man muß und darf sich anfassen. Ein flüchtiges Bewegungskunstwerk entsteht — dadurch, daß es sich nicht bewegt.

Zuschauen

Kinder bewegen sich nicht nur gern, sie schauen auch gern zu. Sie tun dies selten lange und geplant. Ihr Zuschauen ergibt sich im Spiel oder kann selbst Spiel sein. Was sie sich anschauen sind alltägliche Ereignisse, in denen jeder jederzeit dabei sein könnte. Sie werden gleichsam im Vorübergehen zu Zuschauern.

Der Blick über die Mauer oder die Rauferei läßt sie für eine Weile ihr Spiel vergessen.
Kinder schauen auch zu, wenn sie noch nicht wissen, was sie tun wollen; wenn das Gerät besetzt ist, an dem sie etwas ausprobieren wollen; wenn ein anderes Kind etwas vormacht und sie sehen wollen, ob das Kunst-

stück gelingt. Wer vormacht, will Zuschauer haben. Wer zugeschaut hat, will selbst vor- oder nachmachen. Die Rollen wechseln ständig.
Bei Marmeln, Gummitwist oder Himmel und Hölle sind die Mitspieler Zuschauer, weil nur einer „dran sein" kann. Aber die Kinder sind nicht nur Zuschauer, die die gewagten Würfe, Sprünge und Hüpfer erleben und bewundern; sie sind zugleich auch Schiedsrichter, die mit wachem Auge die Regeleinhaltungen kontrollieren.

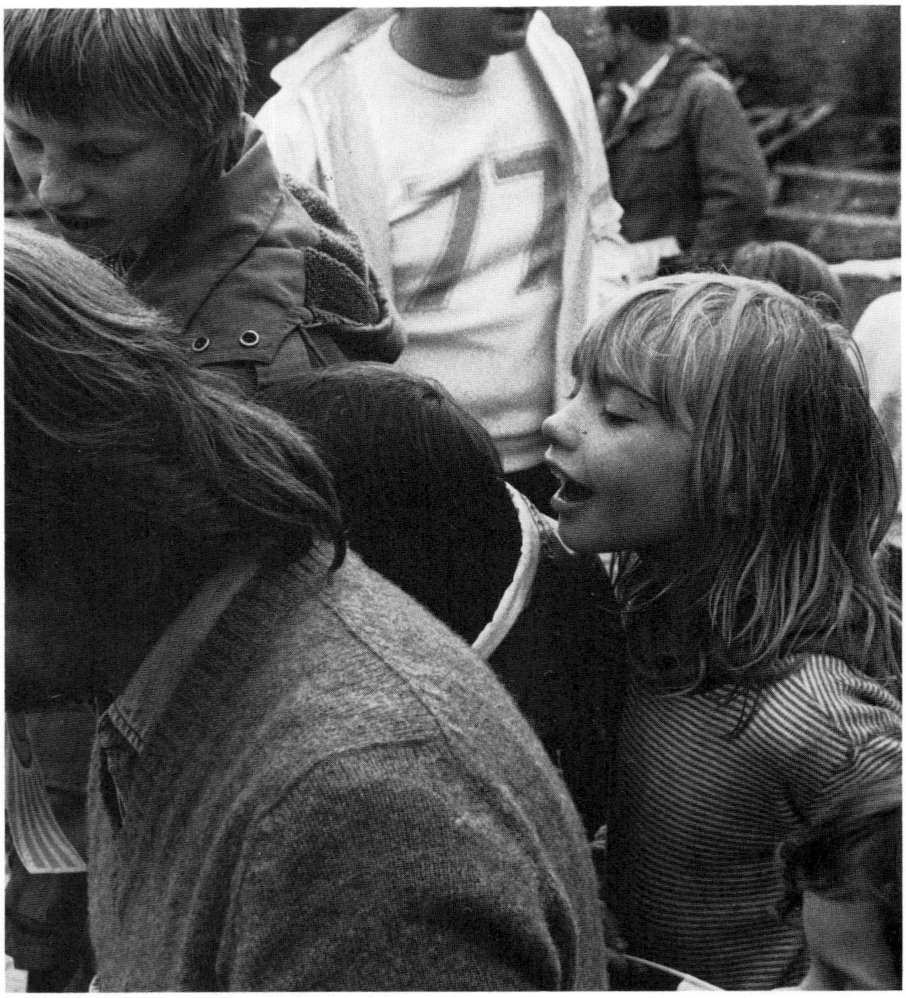

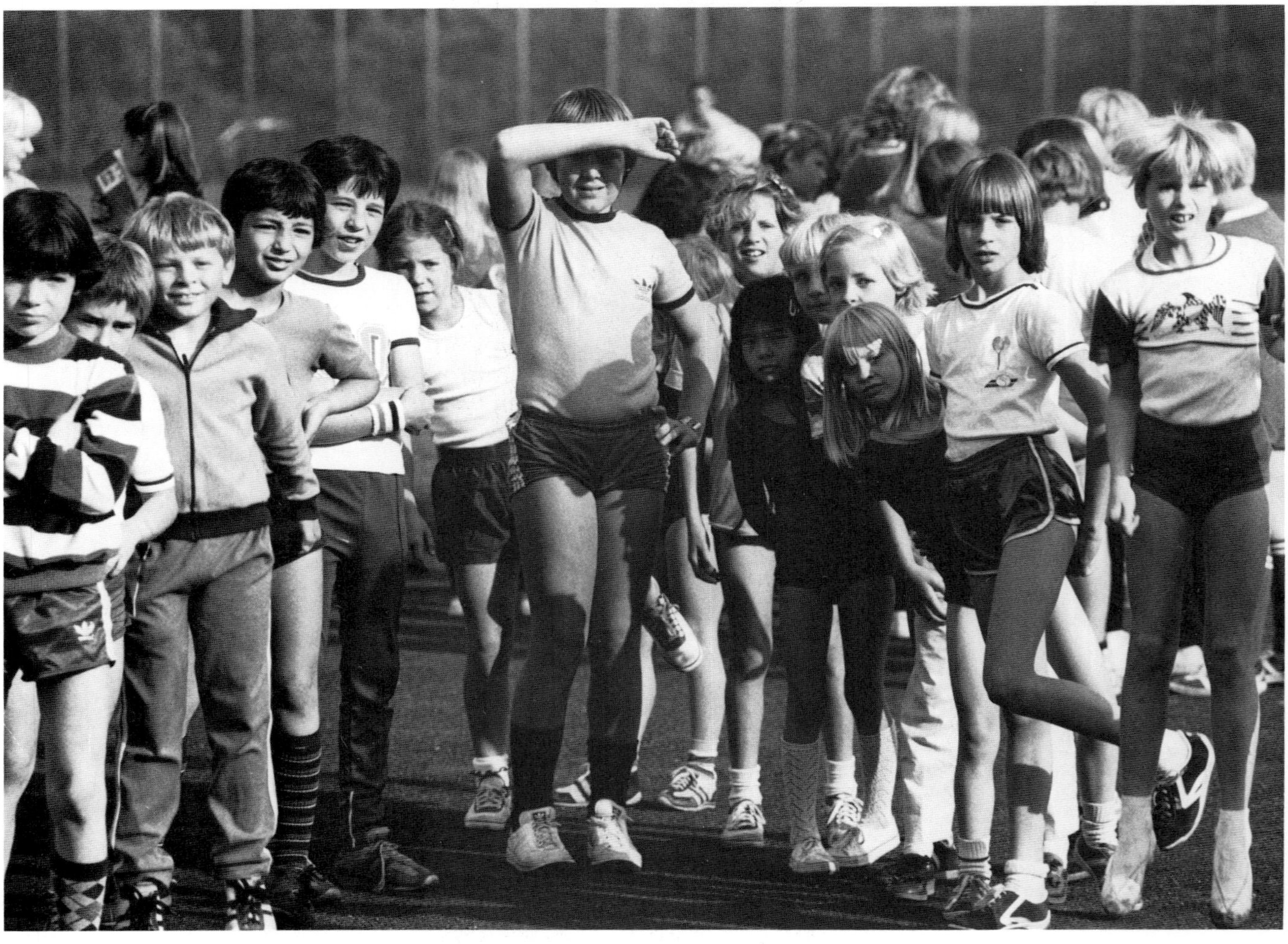

Nicht nur in ihrer alltäglichen Spielwelt, auch bei Spiel- und Sportveranstaltungen, Zirkus- und Theateraufführungen sind Kinder Zuschauer. Dabei erleben sie jedoch häufig, daß ihnen Jugendliche und Erwachsene die Sicht versperren.
Wenn möglich drängen sie nach vorn, um vor der Menschenmauer einen Sichtplatz zu finden. Nicht immer haben Erwachsene dafür Verständnis. Kinder lösen das Problem für sich, indem sie sich noch kleiner machen als sie sind und zwischen den Beinen der Erwachsenen hindurchschauen. Oder sie versuchen, sich größer zu machen. Sie recken die Hälse, hüpfen hoch oder stellen sich auf Zehenspitzen. Auf Dauer sind diese Bemühungen jedoch wenig erfolgreich.
Wenn sie sich nicht selbst zu helfen wissen, sind sie auf die Hilfe von Erwachsenen angewiesen. Sie werden hochgehoben oder dürfen auf den Schultern sitzen. Ob die bessere Sicht oder die ungewöhnliche Lage für Kinder reizvoller ist? Vermutlich ist es auch die ungewohnte Perspektive. Oder wollen sie gar selbst besser gesehen werden?

Als Zuschauer wollen Kinder etwas erleben und genießen. Sie wollen sich fesseln lassen und möglichst hautnah dabei sein. Wer zuschaut und wer vormacht, ist manchmal kaum zu unterscheiden. Der Weichboden ist Landeplatz und Zuschauerplatz zugleich. Wie direkt und unverstellt sich Kinder auf das Geschehen einlassen spiegelt sich in ihren Gesichtern und ihrer Gestik. Gelegentlich wird selbst der ganze Körper eingefangen, wenn sie die Bewegungen der Akteure mitvollziehen. Spannung und Konzentration wechseln mit Freude und Enttäuschung, je nachdem wie sich das Geschehen wendet.

Zuschauer wollen nicht nur das Geschehen verfolgen, sie wollen es auch beeinflussen. Sie haben Erwartungen, sind engagiert, und parteiisch. Sie wollen klatschen, pfeifen, anfeuern, lachen und Buh rufen. Sie wollen zeigen, daß sie genauso gehandelt hätten wie der Spieler auf dem Platz, daß sie etwas anders oder besser gemacht hätten. Sie werten nicht erst im Nachhinein, sondern während des Geschehens. Dabei erleben sie auch die Reaktionen anderer Zuschauer, die wie sie empfinden oder ganz anders reagieren.

125

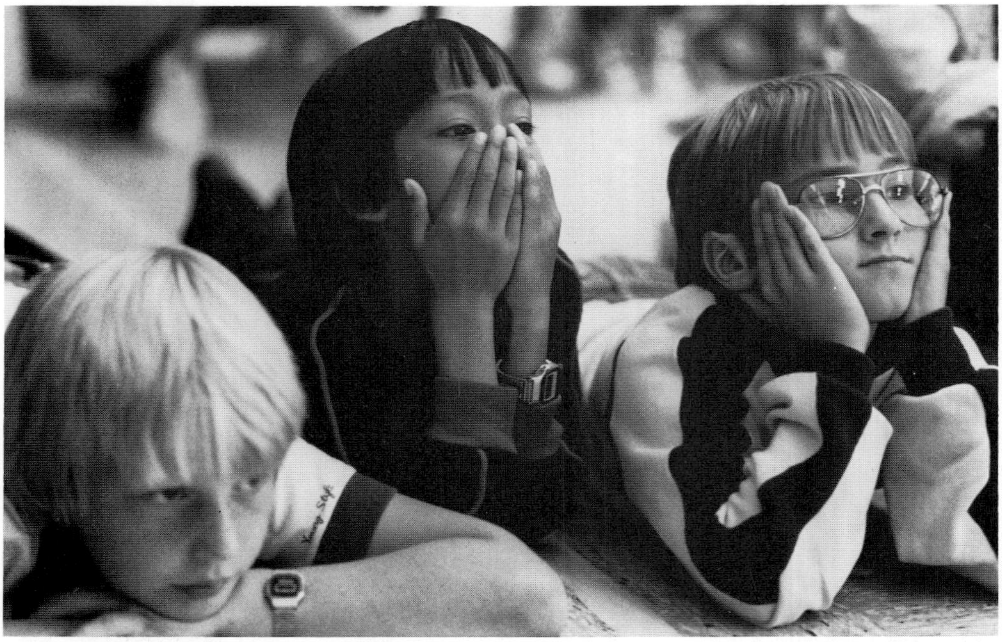

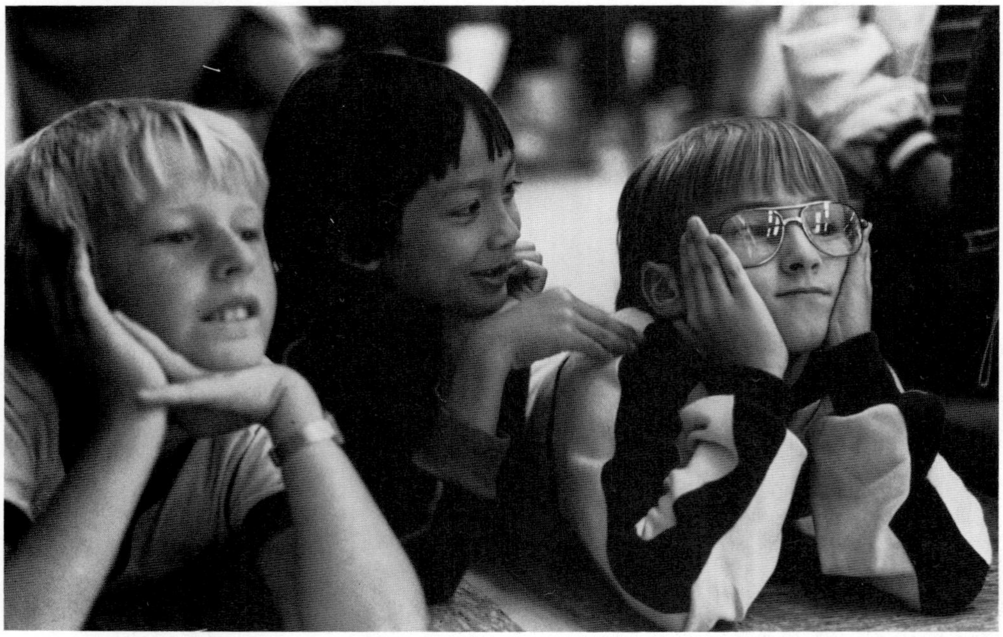

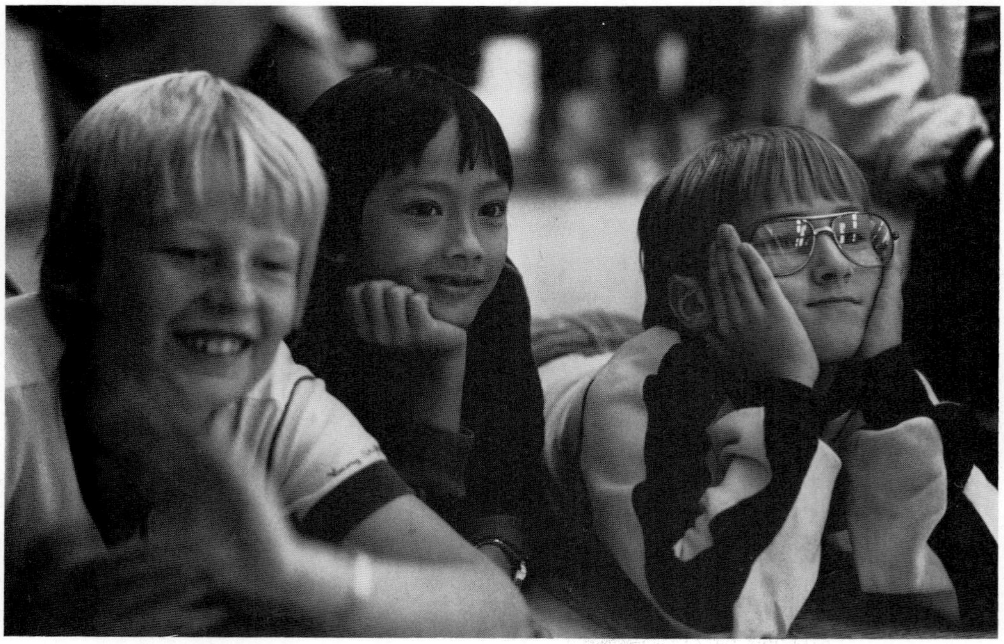

Erleben und werten kann nur, wer das Geschehen versteht. Den Clown verstehen die Kinder. Sie lachen über seine Witze, vielleicht auch nur über seine ulkigen Bewegungen. Manchmal können Kinder jedoch der Veranstaltung, zu der sie mitgenommen werden, noch nicht folgen. Sie langweilen sich, wenden sich ab und suchen sich andere Tätigkeiten oder Schauplätze. Der Kameramann ist offensichtlich für das kleine Kind interessanter als das Geschehen, das er gerade aufnimmt.

Nicht immer haben Kinder die Freiheit, ihren Schauplatz selbst auszuwählen. Gelegentlich werden sie zu Zuschauern gemacht oder zum Zuschauen verführt.

Im Sportunterricht der Schule führen der Lehrer oder Schüler etwas vor. Die Klasse muß zuschauen. Die Schüler sind Beobachter, die etwas erkennen oder herausfinden sollen.

Wie Zuschauer reagieren dürfen sie nicht. Hoffentlich bietet ihnen ihr Unterricht auch die Chance, Sport für Zuschauer darzubieten und als Zuschauer zu erleben.

Zuschauer ist auch das Kind vor dem Fernseher. Ein Knopfdruck genügt, und eine bunte Welt tut sich auf, verführerisch dicht und dennoch weit weg. Das Ausschalten fällt zumeist schwer; denn das Programm geht weiter. Der Fernseher hat den Zuschauer eingeschaltet. Vielleicht erfährt ein Kind im Fernsehen mehr, als wenn es beim Geschehen direkt dabei wäre, aber erlebt es auch mehr? Ist es nicht um die Vielfalt der Erlebnisse und Eindrücke des Zuschauens beraubt? Ist es vielleicht nicht noch einsamer als das Kind in der abgestellten Kinderkarre, das seinen Geschwistern oder Eltern zuschaut?

Werke

Wenn ein Stein ins Wasser geworfen wird oder wenn ein Springer hineinspringt, dann sind einen Moment lang die Ringe im Wasser sichtbar, dort wo er eingetaucht ist. Diese verschwinden, und es bleibt nichts von der Bewegung als ein Bild vom Sprung beim Springer oder Zuschauer. Ebenso flüchtig und vergänglich ist das alltägliche Spiel der Kinder. Vom Bäumeklettern und Wettlaufen bleiben nur Erinnerungen, ein inneres Gesamtwerk von Erfahrungen.
Wenn Kinder einen Schneemann oder eine Sandburg bauen, dann bleibt das Ergebnis ihres Spielens bestehen. Sie hinterlassen äußerlich sichtbare Spuren. So lange, bis die Sonne, die Flut oder bis die Kinder ihr Werk selbst zerstören.
Anlaß zum Bewegen bieten die

Werke in vielfacher Weise, denn im Sand kann man etwa graben, wühlen, aufeinandertürmen — für Kinder Schwerstarbeit. Dann erst beginnt das Modellieren, die Feinarbeit. Ist die Sandburg fertig, dann wird in ihr und mit ihr gespielt: Autos werden gerollt, man versteckt sich dahinter, gräbt sich ein ... und immer wieder wird daran herumgebastelt. Irgendwann wird sie dann zerstört, wieder dem Erdboden gleichgemacht — die „schnellste" Arbeit.

In der Dauerhaftigkeit und Perfektion unterscheiden sich die Werke von Kindern und Erwachsenen; auch darin, daß die Erwachsenen ihre speziellen Materialien haben, die Kinder für alles fast alles gebrauchen können, daß die einen mit Maschinen, die anderen öfter mit den Händen arbeiten oder daß Erwachsene eher zum Lebensunterhalt, Kinder zum Spaß werkeln.

Das Zerstören ihrer Werke — und der Werke anderer — scheint beide gleichermaßen, vielleicht aus unterschiedlichen Motiven, zu befriedigen.

Beim Malen kommt über die feine Bewegung der Hände das aufs Papier, was sich in einem selbst bewegt. Für andere zum Anschauen und dauerhaft. Stolz kann man — oder können die Eltern — das Werk vorzeigen.

132

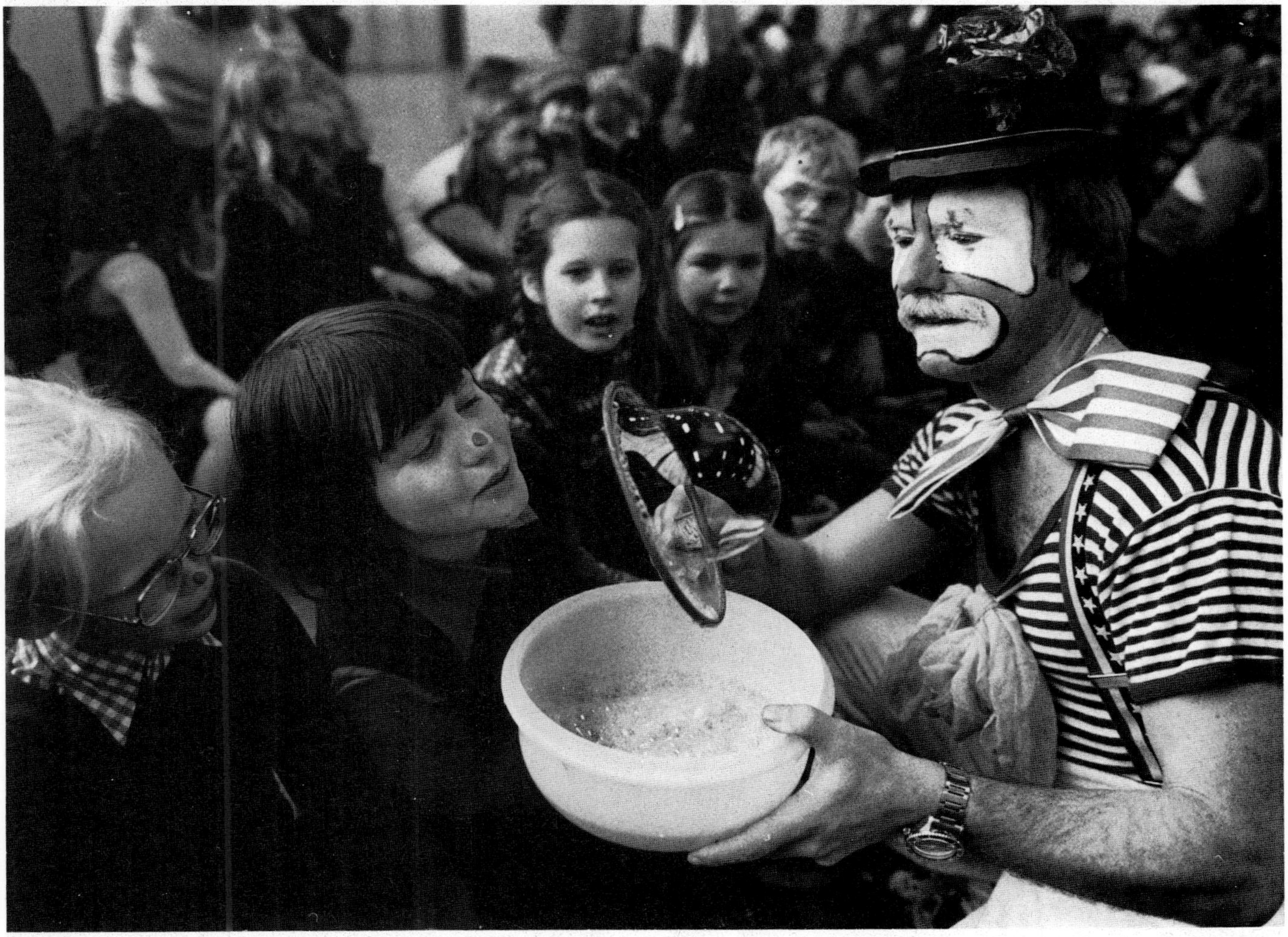

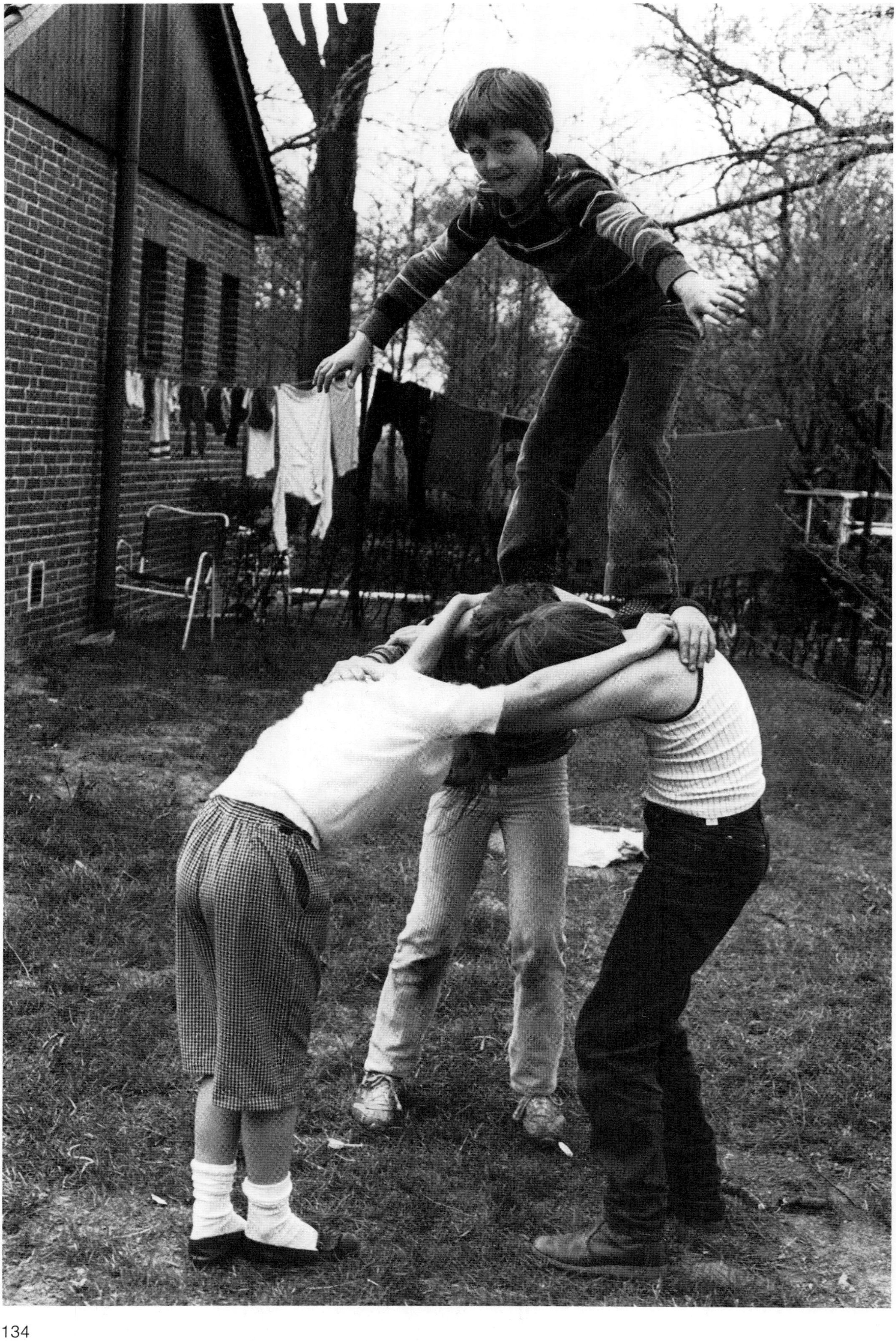

Idee, Planung, Planungsspielraum, Material, Anzahl und Zusammenarbeit der Werkelnden, Dauerhaftigkeit und Größe des Werkes ... alles hängt voneinander ab.
Die Gestalt des Schwungtuches, des Wasserspiels, der Seifenblase oder der Pyramide sind flüchtig, nur kurz anzuschauen und dann durch Auseinanderfallen der Bewegung oder der Körper wieder zerstört. Schon dauerhafter ist der Turm aus Kartons, der aufgebaut, angeschaut und dann zerstört wird. Noch länger wird die von den Kindern gezimmerte Hütte halten. Ob klein wie ein Papierflieger oder groß wie ein Floß – eine Zeit lang kann man darin, darauf und damit spielen.
So schnell wie die Werke aus Wasser und Luft vergehen, so schnell ist auch die Idee davon in die Tat umgesetzt. Eine Pyramide erfordert mehr Absprache, und für noch dauerhaftere Werke muß man einen richtigen Plan im Kopf haben.
Werke entstehen – zumeist – gemeinsam. Blitzschnell heißt es, gemeinsam zu reagieren, wenn aus einem Tuch oder aus einem bißchen Wasser ein Kunstwerk werden soll. Geduld, Ausdauer und Toleranz untereinander brauchen schon die Pyramiden- und noch mehr die Hausbauer.

Gemeinsam handeln will gelernt sein, wenn jeder einmal die Chance haben soll, den Ton anzugeben.
Kleines ganz groß machen, Luft in der Seifenblase oder im Riesenschwungtuch sichtbar machen, so groß wie Rübezahl auf den Schultern der anderen werden, etwas selber machen, was größer ist als man selbst – das ist wichtig in einer Welt, in der Kleine oft wenig Beachtung bekommen.

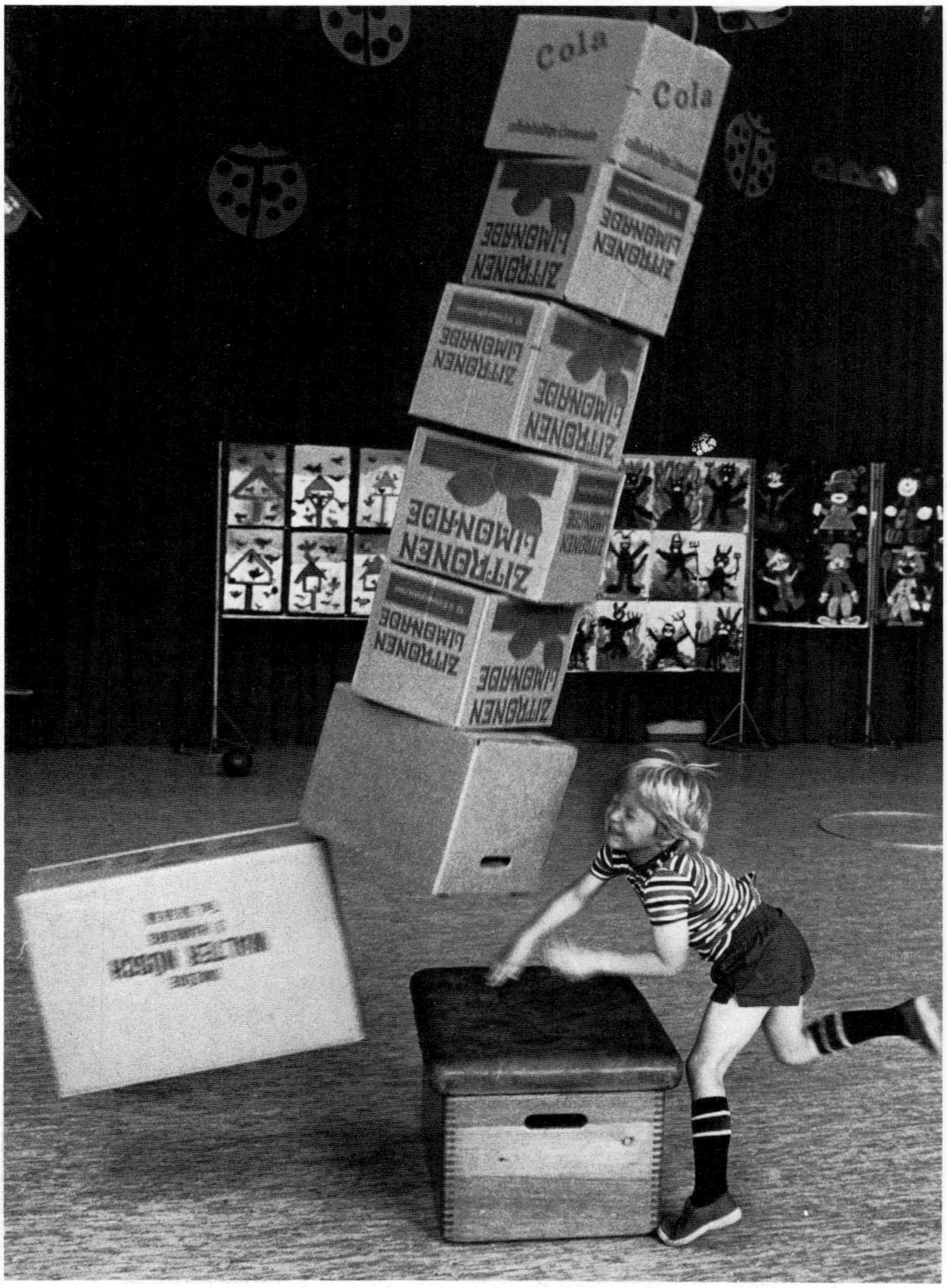
Cola
Cola
ZITRONEN
LIMONADE

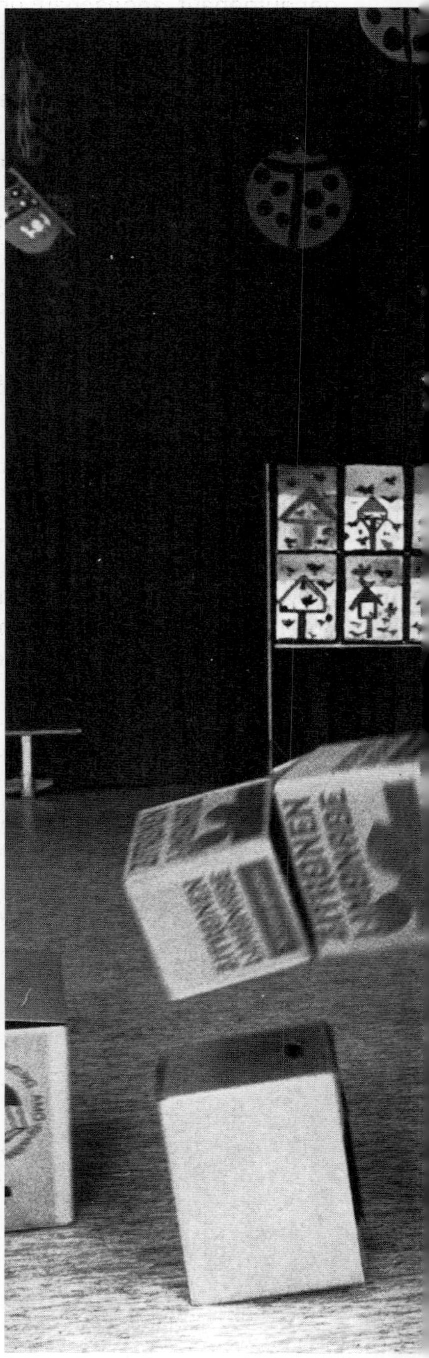

137

Kleines kann groß und aus wenig kann viel werden. Etwas Wasser, Seifenlauge, ein Tuch, Kartons, Autoschläuche, Bretter, Blech, Papier . . . vieles kann man damit machen: es werfen, darüber- und hineinspringen, hineinkriechen, sich verstecken, damit rollen, aufeinanderstapeln, es zerreißen . . . Alles können Kinder gebrauchen.

Doch Kinder spielen nur dann mit Autoreifen, mit selbstgebastelten Schiffchen, wenn Erwachsene sie damit spielen lassen; wenn ihre Phantasie nicht mit perfektem Spielzeug — Erwachsenenwerke, zum Wohl des Profits und nicht zum Wohl der Kinder hergestellt — erschlagen wird. Am liebsten und am besten spielt jedes Kind eigentlich mit seinem eigenen Werk.

Um etwas zu bauen, braucht man Ideen, Gelegenheiten, Platz, Material, Erlaubnis, Verständnis — Spielraum. Dann, wenn Kindern keiner hineinredet, sind sie ihr eigener Bauherr, Architekt, Zimmermann, Maurer und Bewohner — dann hat ihr Phantasiehaus nur ganz entfernt Ähnlichkeit mit den Häusern der Großen. Oft nehmen Erwachsene durch ihre

Werke – Häuser, Autos, Abfallbeseitigung, Spielzeug ... – den Kindern all das weg. Dabei ist eigentlich unglaublich viel da in unserer Wegwerfgesellschaft. Wir müssen es Kindern nur lassen und sie damit alleine lassen. Nur wenn sie es alleine nicht schaffen, sollten wir anregen, helfen, anleiten.

Wünsche

Kinder wünschen ununterbrochen. Gemessen an dem, was in der Welt alles ist und an dem, was die Großen haben und können, fühlen sie sich arm. Sie fangen leer und klein an; ihr Wunsch ist es, erfüllt und groß zu sein. Das Wünschen nach Vielem und das Wünschen nach Großem bestimmt wesentlich das Leben der „Kleinen". Dabei kommt die Erfüllung eines Wunsches selten rechtzeitig, und zudem bringt jede Erfüllung neue Wünsche hervor, will noch mehr als schon ist. Zur Erfüllung gehört deshalb auch der Aufschub oder gar Verzicht. Wer sich etwas sehr wünscht, kann auch arg enttäuscht werden; Kinder wissen zur Genüge davon.

Kindliches Werden ist auf's Engste mit den Wünschen verbunden. Solange Kinder wünschen, und so lange ihre Wünsche offen sind, entwickeln sie sich mit Sehnsucht auf eine Zukunft hin, von der sie in ihren Wünschen hoffen, daß sie besser, erfüllter sein wird als ihre Gegenwart. Wer mit den Kindern auf die Zukunft hofft, darf ihnen dieses gute Wünschen nach vorne nicht einfach nehmen, und er darf auch nicht vergessen, daß Kinder auch ein Recht auf die Gegenwartserfüllung ihrer Wünsche haben.

Die Wünsche der Kinder sind auf Leibliches, Sinnliches und damit auf ihre Bewegungswelt bezogen. In ihren utopischen Wünschen möchten sie sich über ihre körperlichen Grenzen hinausbewegen. Sie möchten fliegen wie ein Vogel oder wie Supermann, möchten an vielen Stellen zugleich sein, möchten sich ver- oder wegzaubern können und vieles mehr. Und sie erfüllen sich dieses Wünschen in ihrer nicht immer von der Wirklichkeit getrennten Phantasie. Ihre Bewegungswünsche sind aber auch ganz konkret. Wünsche müssen deshalb immer auch gemessen werden an der Realität und an der Chance ihrer Erfüllung. Umgekehrt muß auch die Realität gemessen werden an den

Wünschen, die aus ihr herauswollen und zum ,,Besseren'' drängen. Doch Warnung zugleich auch hier: Nicht alles Wünschen ist an sich schon gut und überschreitend.
Kinderwünsche sind oft von einfacher Natur und häufig leicht erfüllbar. Beim Familienspaziergang im Park an einem heißen Sommertag durch das kühlende Wasser der Teichanlage waten. Also, Schuhe und Strümpfe runter, das schöne Sonntagskleid gerafft, und schon ist der Wunsch der natürlich bald zu mehr noch drängt, erfüllt. Es ist zu wünschen, daß auch die Eltern dies verstehen und daß kein Verbotsschild dieses Tun behindert.

Kinder wollen hier und sofort ihre Wünsche nach überraschenden, aufregenden und schönen Bewegungserlebnissen erfüllt haben. Einer ihrer großen Bewegungswünsche ist es dabei, die sichere Erde zu verlassen, im Wasser zu sein oder in der Luft und damit auch die ständige Erdenschwere abzuschütteln.
Fliegen, Schweben und sei es auch nur auf einem Teppich, der nicht einmal den Zauber hat, ein „fliegender" zu sein, sondern nüchtern und verläßlich von zwei Erwachsenen geschwungen wird. Freude beim „Flug" und erwartungsvolle Vorfreude aufs „Fliegen". Wünsche, schon drauf zu sein auf dem „fliegenden Teppich". Weg von der festen, sicheren Erde, vom harten Asphalt. Sich bewegen, gehen, krabbeln, klettern, rutschen, kugeln, fallen auf dem weichen, unsicheren Untergrund des Luftkissens. Wunsch und Suche nach Überraschungen, Veränderungen und Wirkungen. Wo man hintritt, tiefe Löcher – Möglichkeiten zum gefahrlosen Abstürzen und zur schwierigen Befreiung, geheimnisvolle Nischen zum Verstecken und Hineinkuscheln. Handlungen, die augenblicklich etwas bewirken, die phantastische Bewegungslandschaften erzeugen und die mit den Kindern kommen und wieder gehen. Wer möchte da mit den beglückten Jungen vor Freude nicht hineinsinken in das weiche, luftige Kissen?

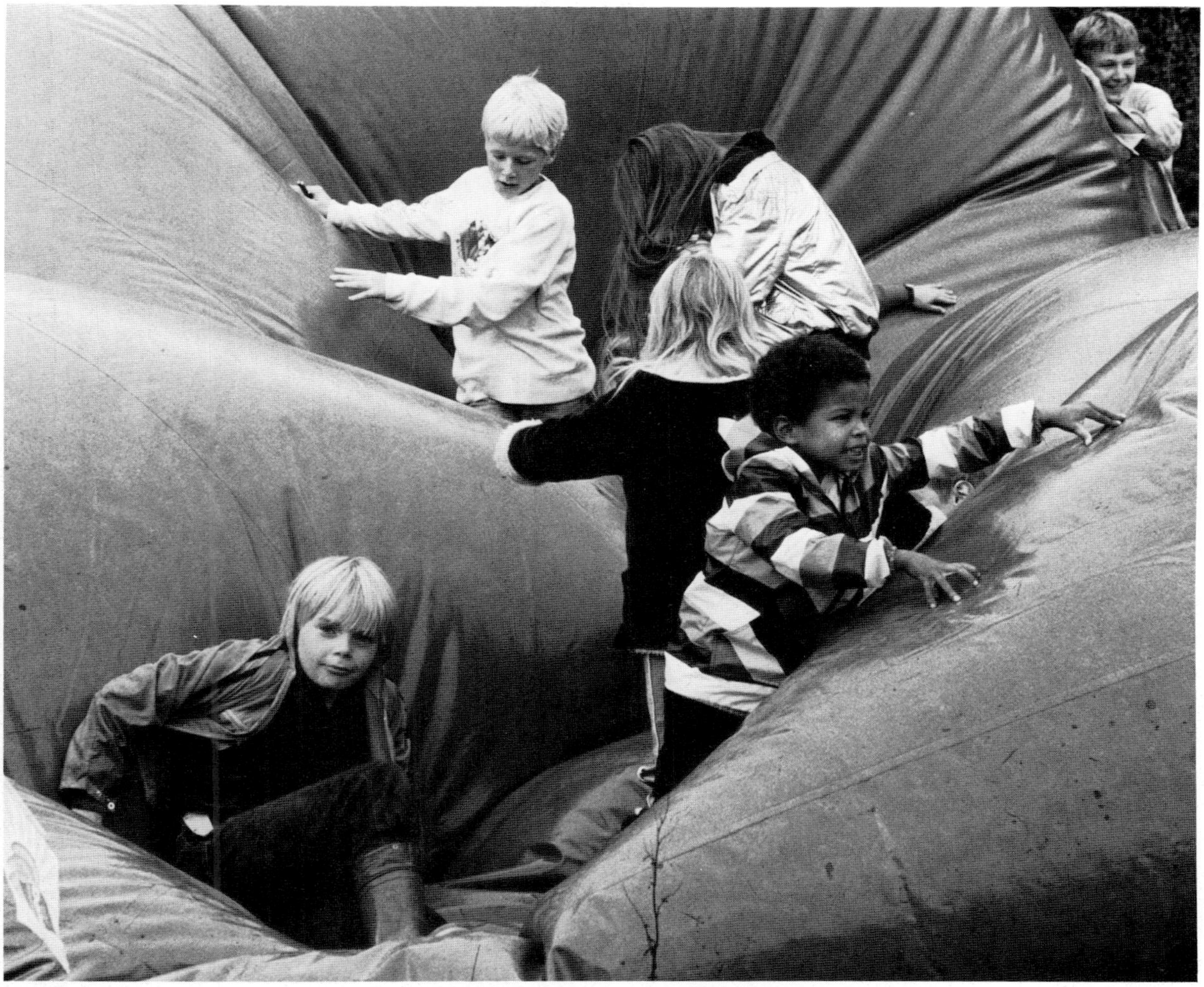

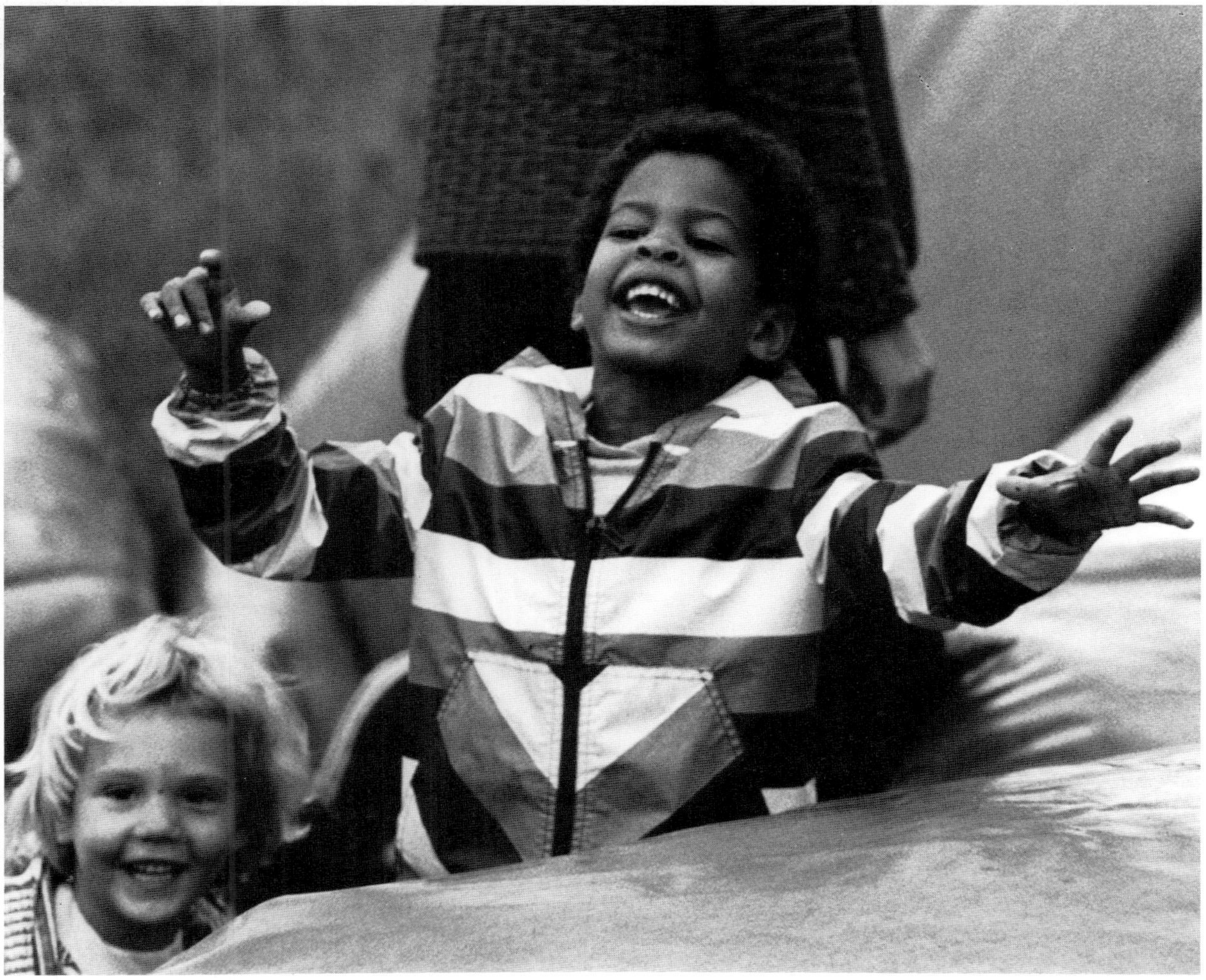

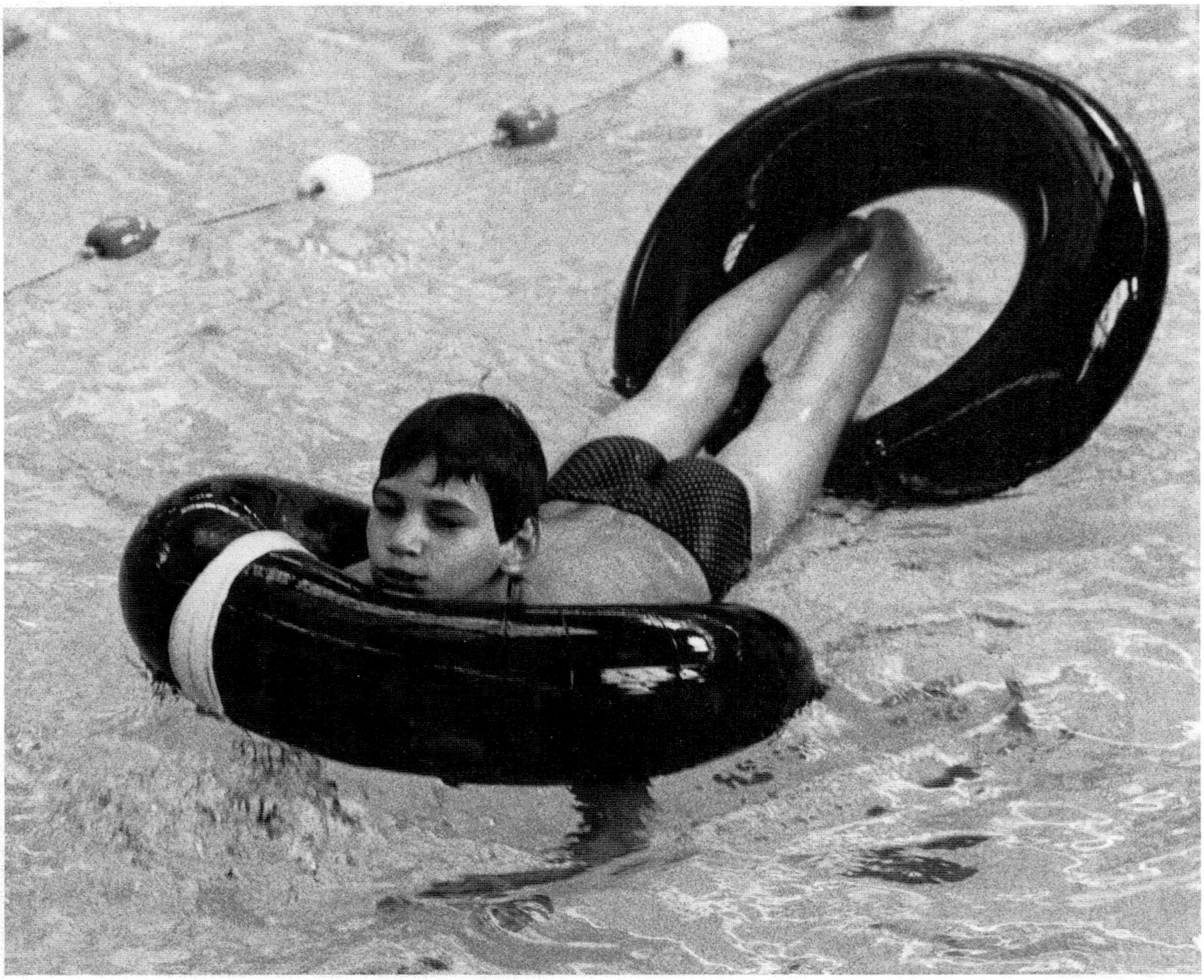

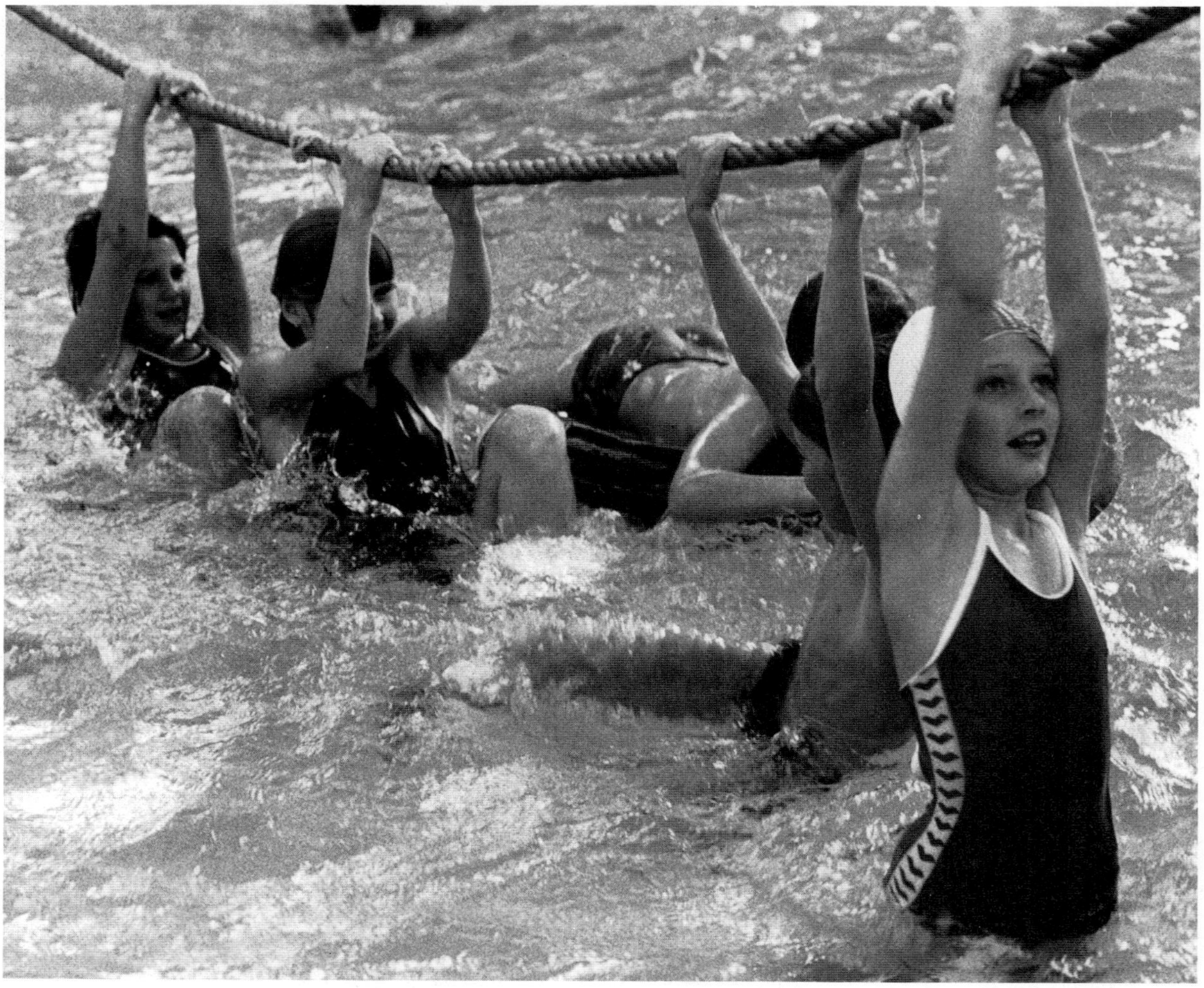

Das Spektrum des Wünschens der Kinder ist groß: Sie wünschen sich einen Spielplatz in ihrer Nähe mit vielen aufregenden Geräten wie etwa der Laufscheibe, die soviel Wünsche freisetzt und soviel Erfüllung gibt. Sie wünschen sich ein Schwimmbad, in dem sie machen dürfen, was sie wollen; vielerlei Geräte, Bälle, Luftmatratzen benutzen oder an Seilen schwingend und schaukelnd übers Wasser hangeln und hineinplumpsen. Mit wenig Aufwand ist die Erfüllung dieser und anderer schöner Ideen möglich.

Der große Wunsch der Kinder, schon jetzt groß und erwachsen zu sein, kann nicht oder nur scheinbar erfüllt werden. Dieser Wunsch muß aufgeschoben werden auf die Zukunft. Kinder wissen und können das noch nicht, was die Erwachsenen können. Deshalb das Wünschen, das beim Wünschen bleibt.
Schlittschuhlaufen wollen wie Mama – das kann sie noch nicht. Dann wenigstens so tun als ob und daraus eine neue Form kreieren. Sie kann offensichtlich noch gelassen warten: „Aufgeschoben ist nicht aufgehoben". Schwimmen oder surfen können wie Papa. Der Blick ist sehnsüchtig aufs weite Meer gerichtet, dorthin, wo auch er später gehen, d. h. schwimmen, surfen, segeln kann. Warten und hoffen auf eine kleine, ausrollende Welle, die vielleicht bis zu ihm an den sicheren Strand läuft und damit auch schon hier und jetzt eine kleine Erfüllung bringt.
Nicht immer können Kinder ihren großen Wunsch, groß zu sein, aufschieben. Groß zu sein, jetzt und sofort, das heißt die Großen kopieren in allem was sie tun: in der rasanten Fortbewegung und schnell wie Niki Lauda dahinbrausen wollen, auch wenn das Rennauto nur ein Gocart ist und er auf den Führerschein noch viele Jahre warten muß. Er ist ein großer Rennfahrer. Schon jetzt!

147

Der Wunsch, wie die Erwachsenen zu sein, bewirkt nicht selten, auch deren z. T. bewegungsfeindliches und gesundheitsschädliches Verhalten zu übernehmen. Lässig hingekauert, eine Zigarette rauchend, und schon fühlt er sich erwachsen. Beiseite geschoben der ganze Kram „doofer Kinderspiele" aus dem Disney-Land. Doch ist die liebliche Szene des herrschaftlichen Sich-Fortbewegen-Lassens in der Nobellimousine der 20iger Jahre tatsächlich soviel unproblematischer? Wird hier nicht auch die Bewegungsvitalität eingeengt auf die Art der Erwachsenen? Und wird vor der Kulisse einer schlecht inszenierten Märchenwelt die Phantasie nicht eher verstellt als freigesetzt?

Das Wünschen der Kinder in dieser Welt ist von dieser Welt und dieser Zeit, von der gesagt wird, sie sei eine hochindustrialisierte, technologische und damit vielfach eine bewegungsfeindliche und wenig kinderfreundliche. Der verständliche Wunsch der „Kleinen", etwas „Großes" zu sein und in ihrem Tun „Großes" zu bewegen, schlägt sich in nicht unproblematischen Wünschen nieder. Die Wünsche, ein Gewehr und damit die ganze Welt – mit dem Zeigefinger nur – zu bewegen, oder sich selbst bewegen zu lassen, mit dem Auto, komfortabel und schnell, sind von dieser Art. Wünsche, die von der Kinderwelt und von der Welt der körperlichen Bewegung mit ihrer sinnlichen Qualität wegführen. Problematisches Wünschen, reichhaltig bebildert, geschaffen und manipuliert von der Bedürfnis- und Bewußtseinsindustrie der Kultur unserer Gegenwart.

Gemeinsam

Einsam sein, abseits stehen, ausgeschlossen sein tut weh. Gemeinsam handeln, dabei sein ist schön. Zu zweit, zu mehreren, zu vielen. Unter Gleichaltrigen, mit Alten und Jungen, mit Freunden und Fremden.

Gemeinsamkeit von drei Generationen in einem Spiel; von den Eltern gelernt, an die Kinder gegeben. Der Name ändert sich, die Idee nicht.

151

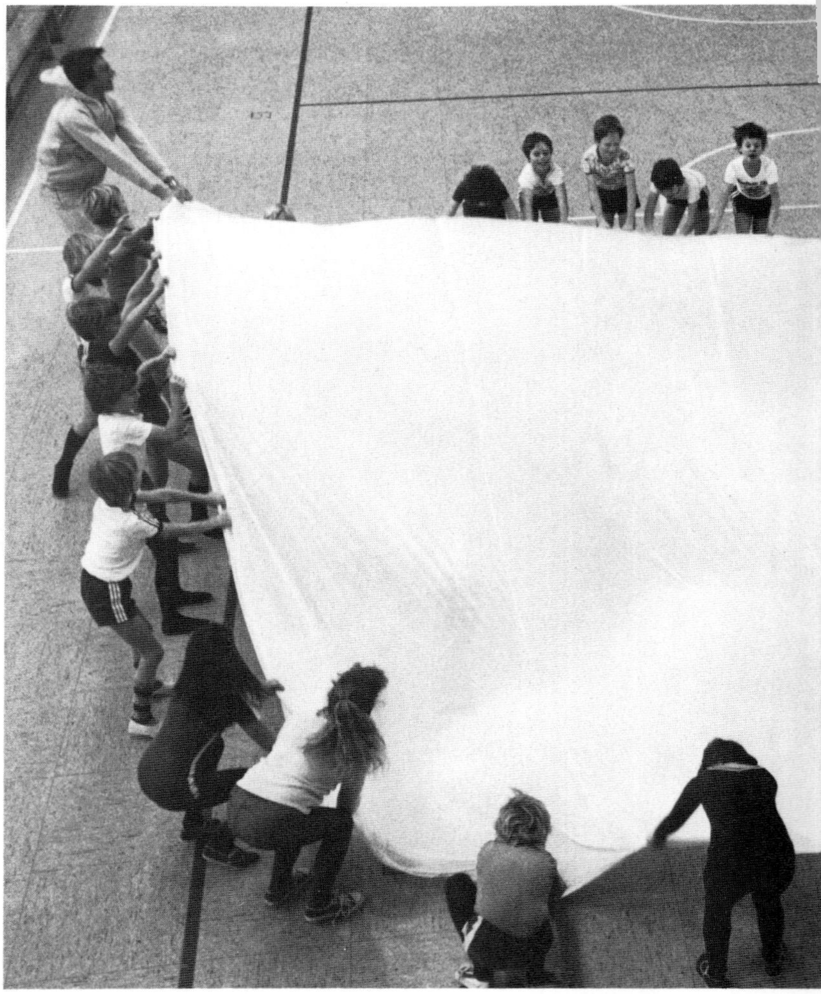

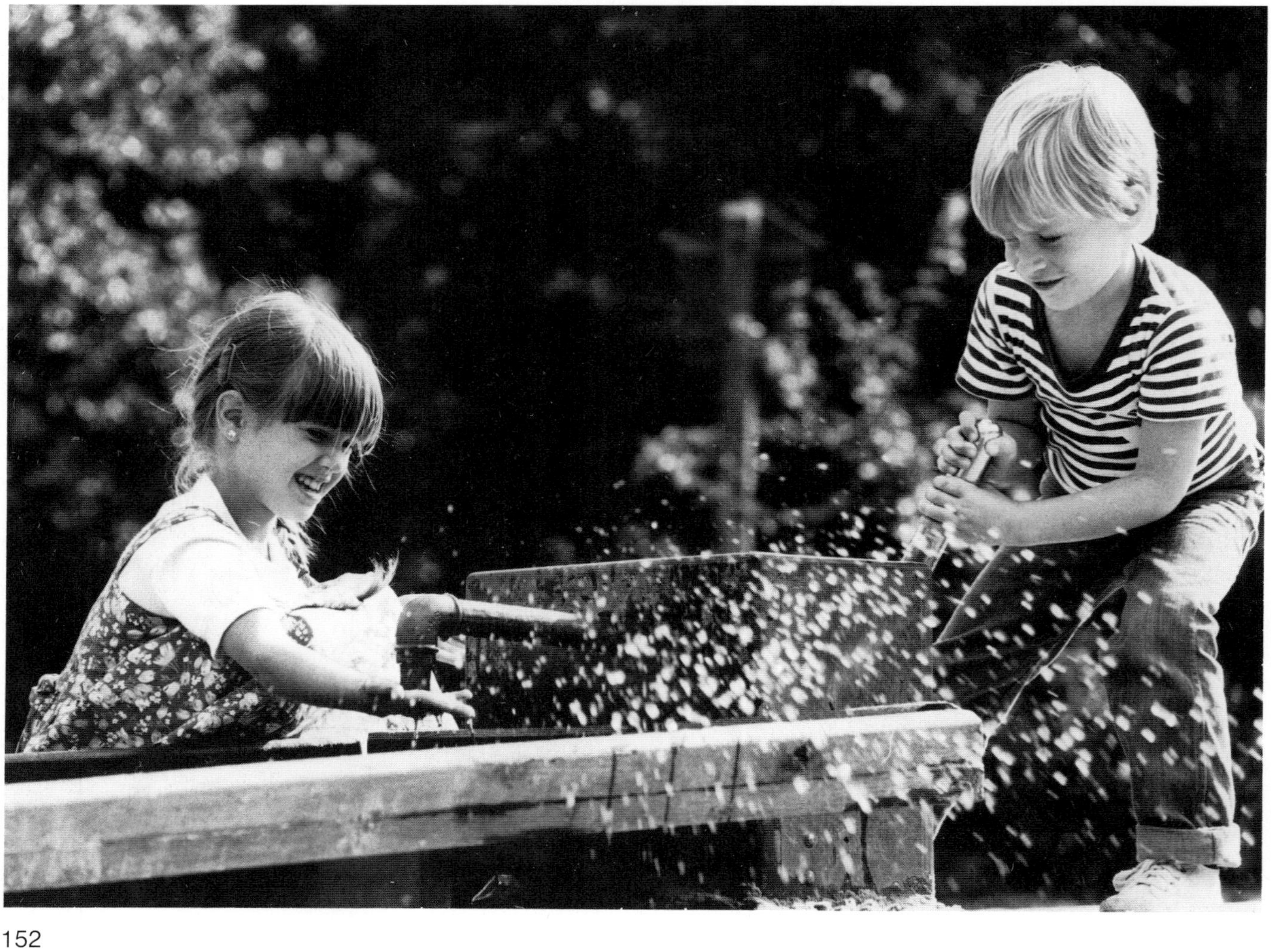

Gemeinsam handeln heißt Gleiches und Verschiedenes tun. Alle tun dasselbe, im gleichen Rhythmus, auf ein gemeinsames Ziel hin. Allein geht es nicht, nur gemeinsam. Oder der eine tut das, der andere das; aber beides muß zueinander passen.
Sinnvolle Arbeitsteilung, aber sinnlose Arbeit; koordiniert, aber nutzlos. Spiel! Der gleiche Schritt, der gleiche Schwung, das gleiche Ziel. Bis der Rhythmus stimmt, das Tempo paßt, ist Aufmerksamkeit nötig und Ausdauer.

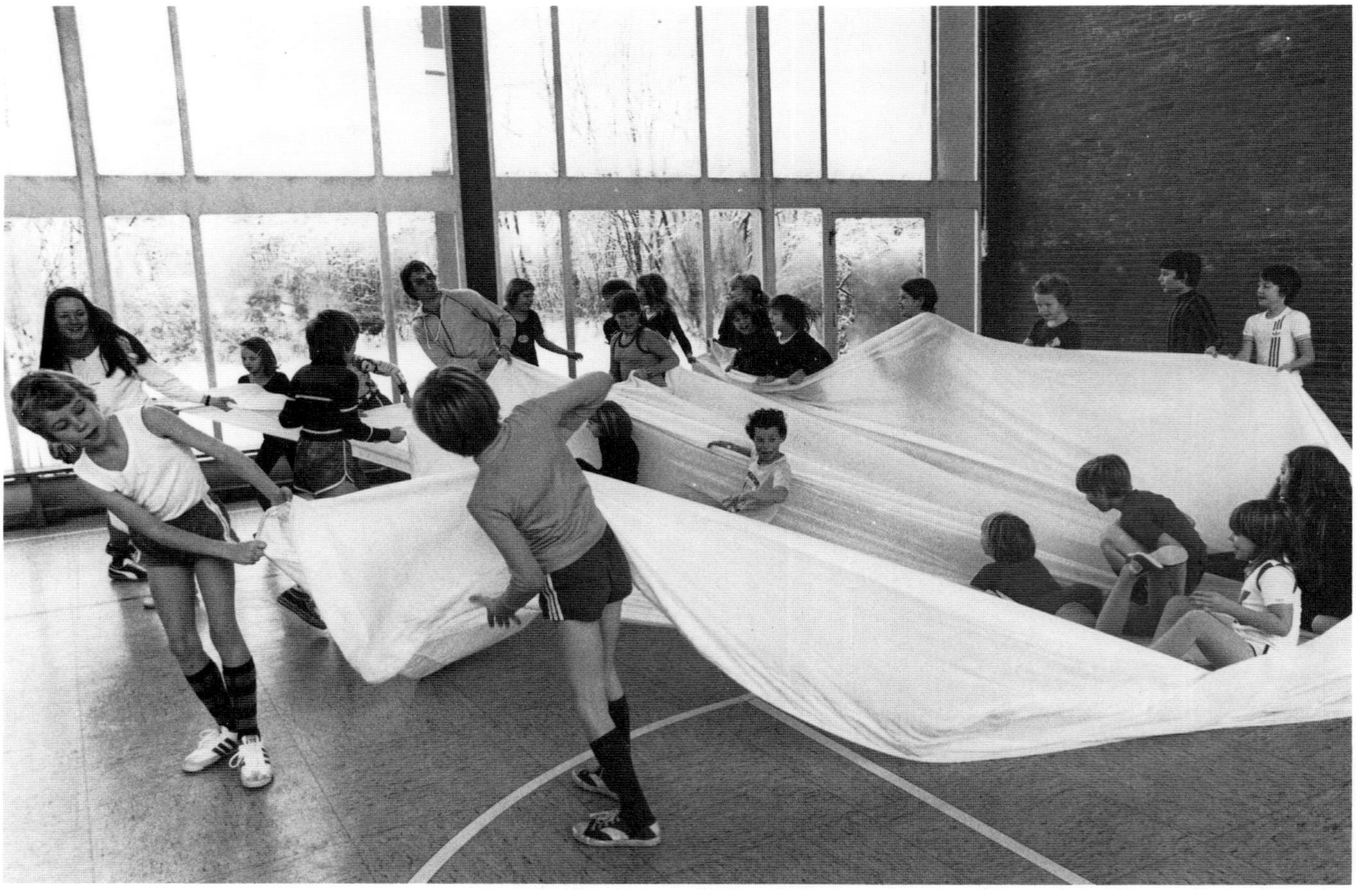

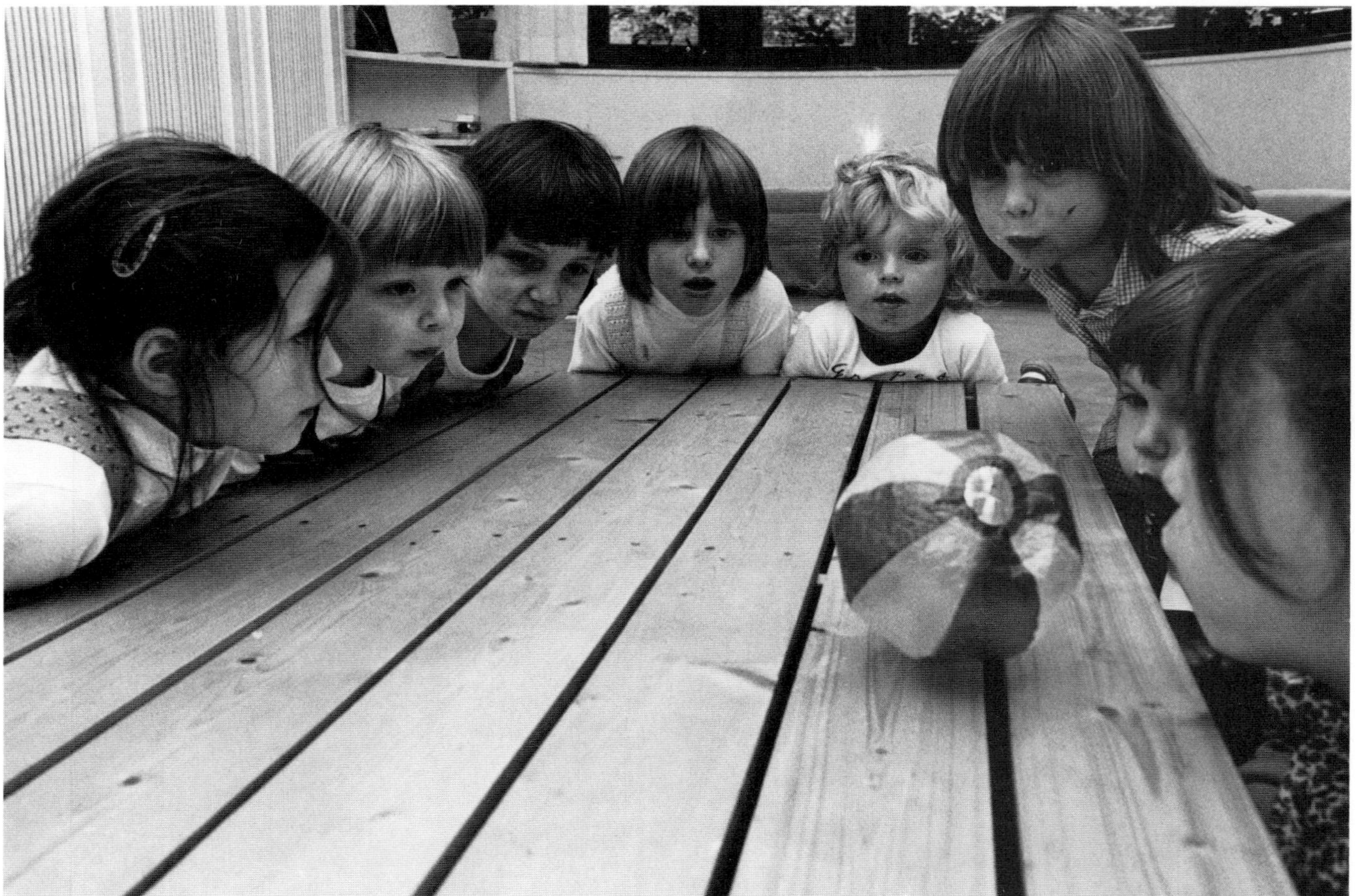

Verschiedenes tun und doch gemeinsam handeln. Die Handlungen abstimmen, die Rollen tauschen. Ideen haben, ausprobieren, verändern, verwerfen. Nach Dingen suchen, die gemeinsam gehen, spannend sind, Vergnügen bereiten. Wer zieht, möchte auch mal gezogen werden; wer anschiebt, will auch am Schwung teilhaben. Bewegung macht erfinderisch, gemeinsam mehr als allein. Doch sie schafft auch Konflikte. Die eigene Idee durchsetzen, die beste Rolle behalten liegen ebenso nahe. Wenn jeder dies tut, ist der Streit da. Jubel und Tränen liegen eng beieinander.

Jeder für sich und gegen jeden. Gemeinsamkeit auch im Gegeneinander. Gleiche Regeln für alle. Wer sie verletzt, zerstört das gemeinsame Spiel.

Gemeinsamkeit auch beim Helfen – eine Selbstverständlichkeit oder eine lästige Pflicht? Von den Eltern gefordert oder freiwillig erbracht? Hilfe ohne Gegenseitigkeit. Zu Recht gewollt, aber schwer einzusehen.

Gemeinsam spielen, was später zum aufregenden Ernst wird. Vergnügen und Unbefangenheit auf beiden Seiten. Kaum Spuren von anerzogener Scham. Doch wie lange noch? Wann wirkt die Erziehung zur Männlichkeit? Wann sind die „Weiber" blöd? Wann beginnen sich diese in ihre Rolle zu fügen. Oder sind sie schon mitten drin? Sind vier Mädchen notwendig, um einen Jungen zu fangen?

Gemeinsamkeit trotz Behinderung. Das Spiel macht vergessen, was die Bewegung hindert. Für Gesunde ist es nicht leicht, Rücksicht nehmen zu müssen, die der Behinderte erwartet und zugleich abwehrt; mit dem Ball zu spielen und nicht mit dem Gegner. Für Behinderte ist es schön, sich selbst seine Leistungsfähigkeit zu beweisen und auch in der sportlichen Bewegung ernst genommen zu werden.

Verschiedene Herkunft, fremde Sprache, unbekannte Spiele. Und doch gibt es Verstehen. Durch Gesten, durch Mimik, durch die Situation. Gemeinsam spielen, gemeinsam lernen.

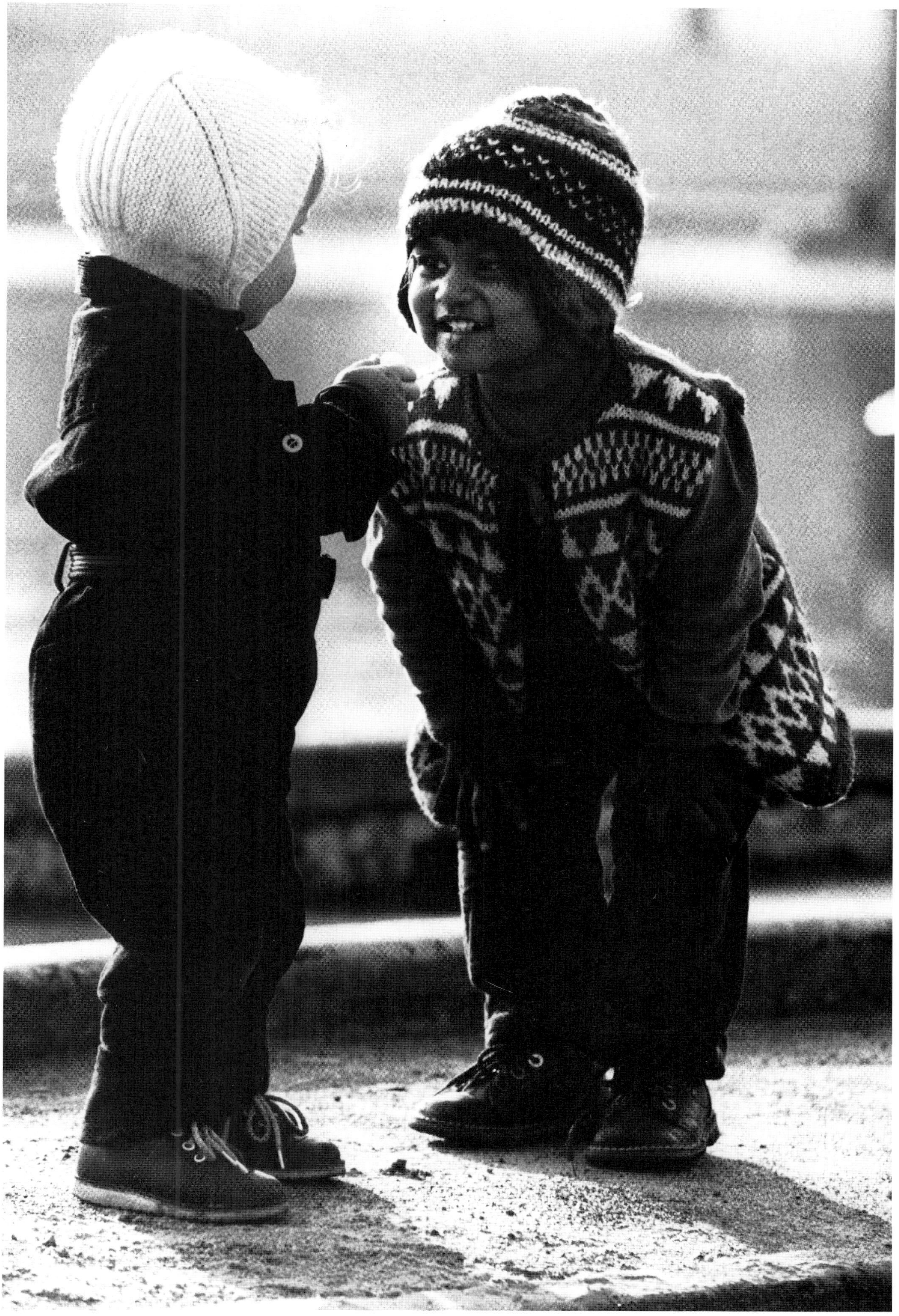

sportpädagogik

ZEITSCHRIFT FÜR SPORT- SPIEL- UND BEWEGUNGSERZIEHUNG

Sportunterricht hat sich verändert. Es sind neue Inhalte und Methoden hinzugekommen, Zielsetzungen haben sich verschoben.
sportpädagogik greift diese Veränderungen in Theorie und Praxis auf. Jedes Heft hat ein Schwerpunktthema, das sich an traditionellen wie auch an innovativen Bereichen des Sportunterrichts orientiert. Zu jedem Thema werden die pädagogischen Grundlagen gegeben und Perspektiven für die Umsetzung in die Praxis gegeben in Unterrichtsmodellen, Unterrichtsideen, Erfahrungsberichten, Reflexionen. Ziel ist die Vermittlung einer reflektierten Praxis von Sport und Spiel. Außerdem will **sportpädagogik** ein Forum sein für fachwissenschaftliche und fachpädagogische Diskussion, für Berichte, aktuelle Meldungen und Rezensionen.

sportpädagogik
Die Zeitschrift für Sport-, Spiel- und Bewegungserziehung
Erscheinungsweise zweimonatlich zuzügl. 1 Sonderheft
Jahresabonnement DM 70,70 zuzügl. Versandkosten

FRIEDRICH VERLAG · IM BRANDE 15 · 3016 SEELZE 6

Rudi mit besten
Dank für die gute
Zusammenarbeit

4.3.97   Karl Kahn